跟我学做一流汽修技师丛书

汽车发动机故障诊断技术及口诀
（彩色版＋视频）

李清明　编著

机械工业出版社

本书全面介绍了汽车电控汽油发动机常见故障的故障现象、故障原因、检查步骤和诊断技巧,主要涉及发动机不能起动、怠速不稳、怠速过高、加速不良、动力不足、油耗过大、机油消耗量过大、过热、异响等故障的诊断与排除。本书贴近实战,实用性强,通俗易懂,图文并茂,针对发动机各种常见故障,既有较全面的理论分析,又有较合理的诊断检查程序,也给出了一些诊断排除的相关要点与技巧。

本书重点突出发动机故障诊断的思路与方法。为了提高学习效率,配有汽车发动机故障诊断口诀及解说视频(扫描二维码观看),更好地帮助读者记忆、理解,从而轻松有效地掌握诊断中的关键技术与相应技巧。

本书适合汽车维修检测技术人员自学进阶提升故障诊断水平,也可作为汽车维修中高级培训或教学教材。

图书在版编目(CIP)数据

汽车发动机故障诊断技术及口诀:彩色版+视频/李清明编著 . — 北京:机械工业出版社,2022.9
(跟我学做一流汽修技师丛书)
ISBN 978-7-111-71852-9

Ⅰ.①汽… Ⅱ.①李… Ⅲ.①汽车–发动机–故障诊断
Ⅳ.①U472.43

中国版本图书馆CIP数据核字(2022)第196016号

机械工业出版社(北京市百万庄大街22号 邮政编码100037)
策划编辑:齐福江　　　　责任编辑:齐福江　王　婕
责任校对:张晓蓉　张　薇　　封面设计:鞠　杨
责任印制:李　昂
北京捷迅佳彩印刷有限公司印刷

2023年2月第1版第1次印刷
184mm×260mm · 11.75印张 · 252千字
标准书号:ISBN 978-7-111-71852-9
定价:85.00元

电话服务　　　　　　　　　网络服务
客服电话:010-88361066　　机 工 官 网:www.cmpbook.com
　　　　　010-88379833　　机 工 官 博:weibo.com/cmp1952
　　　　　010-68326294　　金 书 网:www.golden-book.com
封底无防伪标均为盗版　　机工教育服务网:www.cmpedu.com

前言

本书属于汽车发动机故障诊断教程类的书籍，涉及电控发动机机械系统、电控系统的各种常见故障及疑难故障，故障原因分析详细、透彻，插图准确清晰，较适合已有一定汽车维修基础的技术人员深入提高时使用。本书主要内容包括：发动机不能起动的故障诊断、发动机怠速不稳的故障诊断、发动机怠速过高的故障诊断、发动机加速不良的故障诊断、发动机机油消耗量过大的故障诊断、发动机过热的故障诊断等常见故障的诊断三字经口诀及其讲解解释、实际应用。配套的视频教程采用三字经口诀的形式帮助记忆、理解故障诊断的思路与方法，使教师教得更轻松，学生学得更容易。这些口诀是作者从汽车故障诊断专业课教学工作的实践中总结出来的，力求做到浅显易懂，见文知义。在格式上，三字一句朗朗上口，因其文通俗、顺口、易记等特点，有利于教学传播；实际应用以汽车实车操作演示视频呈现，并配有解说，让学生知其然也知其所以然，与诊断口诀相互呼应，即某一操作示范就是针对诊断三字经口诀中对应的一句或几句，从而提高学生的学习兴趣，给学生留下深刻的印象，利于学生记忆、模仿训练。视频课件的一些内容如下所示。

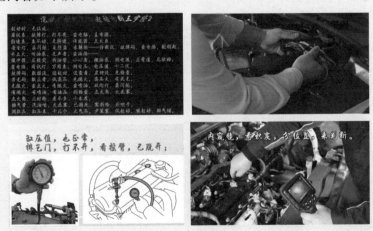

愿本书能给从事汽车维修的专业人士带来帮助，能成为广大汽车维修工程师、技师、专业教师及其他专业人士喜爱的读物。同时，由于编者水平有限，书中难免存在错误之处，恳请广大读者批评指正。

本书由李清明编著，并得到了深圳技师学院汽车维修专业程森老师的大力支持与指导，商冬梅老师为所有配套视频进行了配音，在此表示衷心的感谢。

编　者

二维码索引

目 录

第三章
发动机怠速不稳故障的诊断与排除

第十章
发动机异响故障
的诊断与排除

第一章
发动机故障诊断的基本步骤、方法与技能

一、 发动机故障诊断的基本步骤

　　故障诊断流程主要由验证和重现故障症状、判定这种症状是不是故障、推测故障发生的原因、检查可疑部位并找出故障产生原因以及避免类似故障再次发生5个步骤构成，如图1-1所示。如果维修员检查车辆时不按照必要的程序操作，则故障很可能变得复杂，最后很可能由于他错误的推测而采取不相干的维修程序。

　　为了避免发生这种情况，在故障诊断时应正确领会这5个步骤。

图1-1　故障诊断流程

1. 验证和重现故障症状

　　验证和重现故障症状是故障诊断的第一步。故障诊断中最重要的一个因素是正确地观察用户所指出的实际故障（症状）并以此做出不带任何偏见的、正确的判断。

　　为了重现故障症状，维修员应该询问用户这种症状在什么条件下出现。

2. 判定这种症状是不是故障

　　当顾客抱怨时，技术人员要确定故障原因是车辆本身，还是顾客的使用问题，或者是两者兼而有之。

此外，技术人员还有必要判断顾客的车辆性能是否与其要求相一致，方法是将该车辆与另一辆相同型号的车辆进行比较。如果二者性能水平相等，则技术员应做出判断，抱怨不是故障症状引起的，而是顾客对车辆性能的期望过高，并从另一个视角去处理它。如果该车辆的性能水平与另一辆相同型号的车辆的性能水平差距很大，则技术人员应判断抱怨是出于某种故障并进行故障排除。

当技术人员将顾客的车辆与另一辆相同型号的车辆进行比较时，应在行驶条件一样的情况下进行。

如果技术人员不能判断是否有故障，则应当与几个同事商量，进行评价并做出决定。

3. 推测故障发生的原因

推测故障发生的原因应当在维修员所确定的故障症状基础上系统地进行。

为了查找故障的真正原因，技术人员必须养成认真分析故障现象与原因中的因果关系的习惯：推测，验证，再推测，再验证。

4. 检查可疑部位并找出故障产生原因

故障诊断是在通过验证（检查）所获取数据的基础上，逐渐寻找故障真正原因的一个反复过程。

5. 避免类似故障再次发生

只有当故障顺利排除，并消除了用户担心类似故障再次发生的心理才意味着此次修理大功告成。

如果在修理后故障又很快再次发生，那么故障就没有被完全排除。因此，重要的是找出问题的真正原因以使它不再发生。对于重复发生的故障，我们应思考以下几点：

1）它是一个部件本身的故障，还是由另一个部件引起的？

当由于不完全燃烧，通过阴燃的火花塞起动发动机有困难时，即使通过更换或清洗火花塞将故障排除了，但如果原因没有被检查出来，则故障仍可能发生。

2）它是由于部件的使用寿命的缘故吗？

部件经过长时间使用后会老化，致使耐热性和耐用性变差或部件被磨损。这样一来，它们就不能保持原来的性能。因此，重要的是帮助顾客懂得部件的使用寿命是有限的这样一个概念。

3）它是由于维护不当的缘故吗？

即使由于发动机故障，所用的机油油量增多，但真正的原因可能是由不充分的机油维护造成的机油降级而引起的发动机磨损。因此，重要的是帮助顾客懂得维护的重要性。

4）它是由于不恰当的驾驶、操作或使用情况造成的吗？

即使在使用条件或道路条件相同的情况下，加速或换档上的不同也可能引起故障。技术员可以通过问诊判断有无不适当的驾驶情况，包括长途行驶、过载和车轮歪斜等。

5）是顾客期望的性能太高吗？

如果没有故障而且顾客车辆的性能不比相同型号的其他车辆差，则重要的是根据诊断性提问向顾客说明车辆的性能，以帮助顾客理解。

二、 发动机故障诊断的基本方法与技能

1. 重现故障现象的技能

（1）通过问诊了解故障产生时的车辆运行情况

问诊必须包括询问顾客症状发生时的情况以再现那些症状。

认真听取客户对故障现象及产生过程的描述是诊断过程中非常重要的环节。客户是车辆的使用者，对车辆发生故障的具体情况比较了解，往往掌握维修车辆所需的第一手资料。对客户的调查询问要耐心仔细，以获得较为详细的信息和资料，并重点了解故障出现的症状、条件、发生的过程以及哪些部位进行过检修和调整，更换过哪些零部件等信息。同时，还应认真填写"客户信息反馈表"，这是诊断、检修过程中分析、判断故障原因的依据。发动机故障"客户信息反馈表"（参考）见表1-1。

表1-1 客户信息反馈表

客户姓名			接车日期		
车身代码			发动机型号		
故障发生日期			行驶里程		km
故障发生频率		□经常 □有时 □仅一次 □其他			
故障发生条件	天气	□晴天 □阴天 □雨天 □雪天 □其他			
	气温	□炎热天 □热天 □冷天 □寒冷天			
	地点	□高速公路 □一般公路 □市内 □上坡 □下坡 □粗糙路面 □其他			
	发动机温度	□冷机 □暖机时 □暖机后 □任何温度 □其他			
	发动机工况	□起动 □起动后 □急速 □无负载 □行驶（□匀速 □加速 □减速） □其他			
故障现象	各故障指示灯状态				

技术员在进行问诊时必须记住以下几点：

1）不要使用术语，不用客户不熟悉的话语说话。

2）用实际的事例询问客户，使客户能容易地进行回答。

例如：

什么地方：是左前轮吗？

什么时候：是在您什么时候的驾驶时？

故障发生时正在进行什么操作：踩下制动器能听到声音吗？

现象是怎样的：能听到刺耳尖声吗？

从什么时候开始的：症状从何时开始？

在进行问诊时，重要的是技术员完全理解和再现客户指出的症状所需要的条件。

当症状被立即再现出来时：确认客户的请求和要求。

当症状没有被再现出来时：明确再现症状所需要的条件。

（2）根据故障码产生条件推测出车辆运行情况

当故障不能立即重现，问诊也不能明确再现症状所需要的条件时，可进行故障码读取，如存在与症状相符的故障码，可分析故障码产生的条件，从而推断出故障再现所需要的条件。

（3）通过故障码的定格数据判断故障产生时的车辆运行情况

当存在带定格数据的故障码时，查看定格数据以判断故障产生时的车辆运行情况，以利于我们再现故障现象及检查。

（4）间歇性故障的故障现象再现方法

常用故障征兆模拟试验法来重现故障。故障征兆模拟试验是采用人为模拟与客户车辆出现故障时相同或相似的条件和环境的方法来激活故障，使故障再现，以便进行判断。在预先连接试验器和开始模拟试验之前，必须把可能发生故障的范围缩小，然后再进行故障征兆模拟试验，进而判断被测试的元件是否正常。

故障征兆的模拟方法主要有：振动法、改变环境温度法、水淋法、电器全接通法等。

1）振动法。当车辆在粗糙路面上行驶或当发动机振动（怠速时空调运转）时，故障可能发生，其症状变得更加明显。在这种情况下，应检查与振动相关的部位，如图1-2所示。

①插接器和线束：首先确定哪个插接器和线束影响正在检查的电气系统，然后轻轻地晃动各插接器和线束，并监测该系统是否再次出现故障。这样可以查出插接器是否松动、电路连接是否良好。

由于线束插接器暴露在潮气中，可能导致插接器端口表面产生很薄的腐蚀层，目视检查不可能发现未断开的插接器中的故障。如果故障间歇发生，则可能是腐蚀造成的，应拆开检查并清理与系统相关的插接器端口。

②传感器和继电器：轻轻晃动正在检查的电控系统的传感器和继电器，可检查出传感器和继电器是否松动或固定不良。

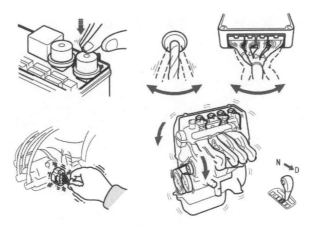

图 1-2 用振动法检查间歇故障

在车辆或发动机振动时造成电气系统间歇故障的原因较多，主要有：插接器未完全到位；线束长度不足，在发动机振动或摇晃时会受力；导线或线束紧靠着支架或运动部件；搭铁线松动、脏污或腐蚀；导线或线束距发热部件太近。

2）改变环境温度法。改变环境温度的方法有加热法和冷冻法。

①加热法：有时汽车在炎热天气或短暂停车之后会出现故障，此时应检查电气元件的热敏感情况。通常用加热枪或类似的工具加热元件，如图 1-3 所示。注意不要将部件加热到 60℃（140℉）以上。如果在加热该元件时发生故障，则应更换或正确隔离元件。

②冷冻法：如果在冬天温度较低时出现故障，暖机后故障消失，则可能是电气系统某部位（如插接器）结冰所致，如图 1-4 所示。模拟方法有两种，第一种是在气温足够低的条件下，将汽车停放在露天过夜，早晨对可能受影响的电气元件进行快速、全面检查；第二种是将可疑元件放入冰箱内冷冻足够长的时间，直到结冰，重新将元件装回，并检查故障是否再次出现。

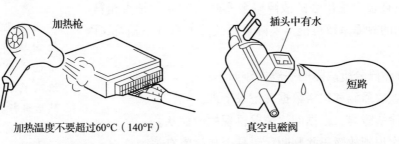

加热枪

加热温度不要超过60℃（140℉）

图 1-3 对电控单元进行加热测试

插头中有水

短路

真空电磁阀

图 1-4 对电磁阀进行冷冻测试

3）水淋法。故障只发生在高湿度或雨雪天气，可能是电气元件浸水所致。可以通过浸湿车辆或将车辆驶过清洗机来模拟故障情况，如图1-5所示。

⚠ **注意：** 不得将水直接喷在任何电气元件上。

4）电器全接通法。将空调、后车窗除雾器、收音机、雾灯等所有附件全部打开，然后进行故障诊断，如图1-6所示。

图 1-5　水淋测试　　　　　图 1-6　电器全接通测试

2. 读取故障码

为了有效地进行故障排除，通常可先使用故障码以识别故障部位。

当故障码显示时，被故障码指示的系统中的传感器、执行机构、布线和电子控制单元（ECU）可能有故障。

当正常故障码显示时，有诊断功能的系统可判断为正常。因此，故障可能在没有诊断功能的系统中，那么就进行这种检查。

当不能读取故障码时，ECU或ECU的电源系统有故障。如果显示车辆连接错误，则要检查诊断座及车载网络系统。

在正常方式中，如果故障只是短时间发生，因为它不满足诊断条件，则无法被检测出来。通过转入检查方式，短时间发生的故障（如接触不良等）能够被检测出来。

接着检查被识别出来的故障码与实际故障症状是否相符。故障码指示的故障系统可能与实际显示故障的系统不相符，因此应注意区分。

读取故障码分析故障的一般操作如下：

1）检查故障码和定格数据并记录下来。

2）清除故障码，根据问诊情况再现故障症状。

3）再次识别故障码并判断代码是否与故障有关。

如果显示相同的代码，则可以判断故障发生在代码指示的系统中，按故障码的提示

提示：
　　无诊断功能的系统包括点火次级系统和燃油系统等。

提示：
　　要判断车辆被带进来时显示代码是由现时故障还是由过去故障引起的，清除显示代码一次，然后进行再现试验。

进行故障排除。

如果显示的是与故障无关的代码，或者显示的是正常代码，则现在的故障是由其他原因引起的。因此，应根据故障现象进行故障排除。

3. 分析 ECU 数据流

当故障发生后，及时检查 ECU 的状况（输入信号、输出信号），并通过检查 ECU 的数据确定故障原因。

当故障码被记录下来后，定格数据就是 ECU 那个瞬间的数据，故障信号是开路还是短路可根据冻结帧的具体数值来进行判断。

例如，当检测到了来自冷却液温度信号系统的代码后，应接着检查关于冷却液温度信号的定格数据。如果温度是 $-40℃$，则故障可判断为开路。如果它是 $200℃$ 或更高，则故障可判断为短路。

当故障码被清除或方式被转换后，定格数据会被删除。因此，要在检查故障码后立即检查定格数据。

由故障码的判定原理可知，在发生故障与检测故障之间有时滞。因此，它不是故障发生时的数据，而是在时滞后被作为一项定格数据储存在储存器中的数据。

通过参考定格数据，有可能在某种程度上推测出故障时的运行状况。

即使故障码没有被识别出来，也可通过 ECU 数据检查 ECU 状况。自动触发功能使得在故障被发现前后自动记录 ECU 数据成为可能。在手持测试仪上（snapshot）记录 ECU 数据的功能使得在故障发生后分析 ECU 数据成为可能。这个功能能够找出故障码不输出的故障，包括错误的传感器范围和执行机构故障。

参阅 ECU 数据可以确定此症状发生后，哪些数据已发生改变或者是否某些数据有不正常的值。

4. 有关发动机的基本检查

（1）发动机转动阻力检查

这项检查可以确定发动机不能正确起动的原因是在起动系统还是在发动机本身。

检查方法：拆下所有火花塞 / 预热塞（柴油发动机），将梅花扳手放在曲轴带轮螺栓上并转动它以测量转动阻力，如图 1-7 所示。

由于发动机转动阻力没有标准值，故应将其与正常发动机进行比较。

当发动机转动阻力很大时，拆下所有传动带，并重新检查发动机转动阻力。如果转动阻力仍旧过大，则故障在发动机中；如果转动阻力明显变小，则故障在传动带所驱动的附件中。

提示：

在发生故障的条件下，例如当它是冷或热的时候，进行这项检查。

（2）发动机起动状况检查

与发动机起动有关的故障的原因是不同的，这取决于发动机燃烧室内的燃烧是否发生，或者起动是否占据很长时间。因此，检查发动机起动状况，以确定故障的原因，如图 1-8 所示。

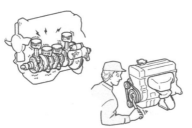
图 1-7　发动机转动阻力检查

图 1-8　发动机起动状况检查

1）无初始燃烧，不能起动。

发动机三要素中的某发动机部件功能可能几乎完全失效。

2）起动时间过长。

根据发动机能够起动这个事实，可判断发动机部件为正常。因此，故障可能是由起动时的空燃比引起的。

3）初始燃烧发生但立即失速。

点火系统和压缩系统能被判断为正常。燃油系统也能判断为仅在发动机起动时正常。因此，故障可能是由燃油压力降低、怠速控制阀（ISCV）等引起的。

（3）点火系统检查

拆下火花塞并起动发动机以查看火花塞尖端的火花和火花的强度。在检查前，拆下喷油器接头，使得燃油不会喷出。

火花出现在火花塞的尖端，并且没有漏电。

通过与一台正常发动机上的火花塞进行比较，可以判断出火花的强度。如果没有发现大的差异，则它应是正常的。

（4）燃油系统检查

燃油系统检查（汽油发动机）如图 1-9 所示。

> 提示：
>
> 　　如果怀疑故障是由 ISCV 开启引起的，则在起动的同时稍稍踩下加速踏板，通过保持一定进气量而使发动机能连续运行但不失速。

> 提示：
>
> 　　注意正常发动机中的火花的强度。

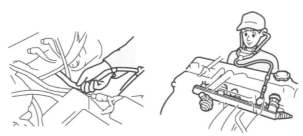
图 1-9　燃油系统检查

在起动发动机的时候，检查以下各项：

1）用手捏住发动机舱的燃油软管并感觉燃油压力是否被施加上去。当燃油压力被加到燃油软管上时，应该能感觉到燃油压力增大导致的软管脉动。当没有燃油压力时，故障可能存在在燃油泵系统中。

2）检查喷油器发出的声音。当喷油器不发出声音时，用下一个气缸上的接头调换接头。如果能听到声音，则喷油器可以判断为正常。

（5）气缸压缩压力检查

如图 1-10 所示，使用气缸压力表测量压缩压力。

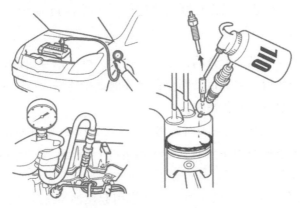

图 1-10　气缸压缩压力检查

压缩压力标准值会因发动机型号而有所不同，具体请参阅"修理手册"。

当压缩压力低时，将少量机油（小于燃烧室容积）从火花塞孔注入气缸，然后再次检查压缩压力，观察前后压缩压力的变化情况。

如果压缩压力不变化，则说明故障在气缸盖一侧，也就是说可能是气门不密封等。

如果压缩压力变大，则说明故障在气缸体一侧，一般是活塞环密封不良。

有时为了对压缩压力进行快速判断，下述方法可供使用：

1）检查压缩空气是否在起动时从火花塞孔中溢出。

2）检查起动时凸轮轴带轮是否转动，检查方法是从正时带盖中的检修孔中察看。

3）通过听取起动时发出的声音，可以发现压缩压力缺失是由正时带的切口引起的。

（6）断缸检查

通过确认气缸的燃烧被逐个停止时，发动机转速的变化进行断缸检查，判断故障是影响特定的气缸还是影响所有气缸。断缸检查如图 1-11 所示。

检查方法（汽油发动机）：当发动机转动时，逐个拆下喷油器接头以检查发动机转速以及振动是怎样变化的。如果发动机转速不降低，或者如果有一只气缸有小的变化，那么故障是

提示：

当判断困难时，稍微增大发动机转速会使判断容易些。

该气缸工作不良或不工作。

图 1-11　断缸检查

很多时候，这一操作也可借助诊断仪来进行，如图 1-11 所示。

（7）空燃比检查

为了确定故障是空气燃油混合物过稀还是过浓，可使用专用诊断仪，检查氧气传感器或短期燃油校正的数值，并通过诊断仪的动作测试功能增大或减少喷油量来改变空燃比，同时观察发动机状态的变化情况。

1）当空燃比较小（混合气浓）时，考虑引起燃油系统喷油量增大，或者连续喷油的因素。造成这一现象的原因主要有：传感器范围 / 性能问题；与传感器系统的地线接触不良；喷油器滴漏等。

2）当空燃比较大（混合气稀）时，应考虑引起燃油系统喷油量减少的因素。造成这一现象的原因主要有：传感器范围 / 性能问题；燃油压力低；与喷油器系统的地线接触不良；氧气传感器系统故障（信号显示混合气浓）；积炭燃油被吸收等。

（8）活塞环 / 气门导管漏油损失检查

当机油燃烧造成在排气中能看到蓝白烟时，通过改变发动机转速可以改变白烟的量，从而能够判断出是否有机油通过活塞环或者气门导管进入燃烧室燃烧。此外，还可以拆开发动机并根据积炭情况判断故障。

1）判断是否有机油通过活塞环损失：在预热发动机后，以大约 2000～3000r/min 的转速使发动机空转以检查排气状况。

标准：

发动机空转时白烟增多；当转速增加时白烟增多。

2）判断是否有机油通过气门导管损失：在预热发动机后，让它怠速运转约 5min，然后使其空转以检查排气状况。

标准：

在开始空转时，白烟将排出 30～60s，但烟量会逐渐减少。

5. 插接器端子接触压力检查

当短时间发生类似接触不良的故障时，检查接触压力以确定故障部位，如图 1-12 所示。

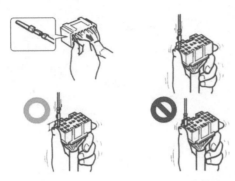

图 1-12 插接器端子接触压力检查

1）断开接头。

2）目视检查接头端子上有无生锈或异物。

3）检查端子销钉位置上的松脱或损失情况。轻拉电气配线并检查它们有没有断开。

4）检查插座的插孔接合面，并将一插销（公端子）分别插入每个插孔（母端子）中。

5）用手握住插座，左右摆动它，并检查接受检查的端子是否由于其重量而下落。

> **提示：**
>
> 　　准备与原插头的插销相同的一个端子插销，以便在测试中使用这个端子插销。

> **标准：**
>
> 当看到插销被夹住不下落时，说明它具有接触压力，可判断为正常；当插销下落至插座孔中时，并且没有接触压力，那么就应更换插孔端子或整个插孔插接器（插座）。

取出端子或更换端子通常需要使用专用工具或如图 1-13 所示的自制工具。一般来说，插接器端子均带有端子挡块或辅助锁止装置。具体操作方法参见原厂维修信息。图 1-14 所示为取出端子或更换端子的专用维修工具套装。

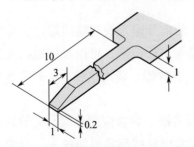

图 1-13 自制的简易型端子拆卸工具　　　　图 1-14 端子专用拆卸工具套装

使用自制的工具或类似物品拆卸端子时，一般先脱开锁止装置，再松开端子锁止夹或从插接器上拆下端子，如图 1-15 所示。

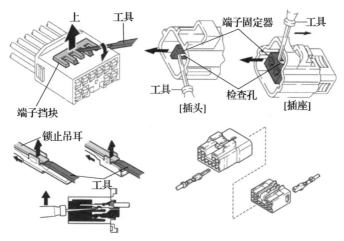

图 1-15　使用自制的简易型工具拆卸端子

图 1-16、图 1-17 所示为使用专用工具取出端子的操作实例。

图 1-16　使用专用工具取出端子的操
作实例（大众车型）

图 1-17　使用专用工具取出端子
的操作实例（宝马车型）

6. 用万用表检查电路的电压、电压降和电流

可将电压表跨接在电路中部件两端测量部件上的电压降。在测量电压降时，电路中必须有电流。电压降的大小决定于部件的电阻和部件所需的电流值。如果要测量的是从 B+ 到接地的完整电路（比如灯电路）上的电压降，在连接正常的情况下，可以看到几乎是百分之百的电压降。

（1）测量电压降

这是一种适用范围广泛的检测方法，如在 ECU 的信号输入端与输出端进行检测比较，可以判断出 ECU 是否有故障；对传感器与开关等进行检测，可以很好地判断其是否正常；对线路也可以进行测试和检查，判断其是否有故障。使用这种方法的关键是掌握所检测车型的参数与电路图等资料。

对任何电气系统，测量电压降始终是重要的诊断方法。它常应用在汽车上的许多电路中（线路插头、电缆、开关或其他装置），也是在蓄电池线和蓄电池桩头、开关、插头、负载和其他接地电路查找高电阻的非常有用的测试方法，属于动态测试。也就是说，为了完成电压降测量，必须给电路通电（例如，接通点火开关或闭合相应的开关），使电流流过电路。没有电流，电路中负载的两端就不会有电压降。测量电压降可以使用以下两种方法：

1）步进法：步进法是检查低压系统（如"计算机控制系统"）压降过大的最有效的方法。

"计算机控制系统"中电路工作电流很低。将电压表直接跨接在电路负载上，观察系统极性，并直接读出电压降，如图 1-18 所示。

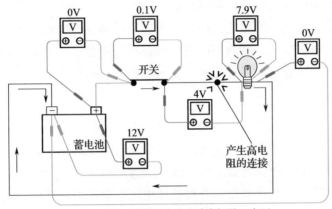

图 1-18　用步进法测量电压降

2）累积法：将电压表负极引线接到搭铁处，将电压表正极引线先接到电路负载的正极侧，然后再接到负极侧。将第一次的读数减去第二次读数，就可以得到这个特定电路负载两端的电压降，如图 1-19 所示。

⚠ **注意**：在图 1-19 中，蓄电池与灯泡之间有一个 4.2V 的过大压降。

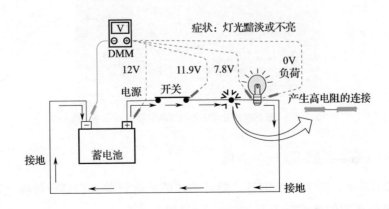

图 1-19　用累积法测量电压降

电路导线、接头和开关的最大正常电压降如下：接头 0.00V；一段导线和电缆 0.20V；开关 0.30V；搭铁处或搭铁接头 0.10V。

因此，保持搭铁连接处的清洁以获得最小的电压降是很重要的。为了测量电路搭铁侧的电压降，应将电压表的负极引线直接接到蓄电池负极输出端子（负极柱）上。然后将电压表正极引线接触搭铁接头、端子和蓄电池搭铁电缆本身。总搭铁电压降不应超过 0.10V。运用测量电压降的方法对检查"搭铁电阻过大"这类故障来说，是一个很好的检测方法。

有时，为了测量一条线路是否存在腐蚀和接触不良，可外加一负载如试灯，让试灯工作，观察试灯的亮度并进行电压降测试。

需要注意的是，电路中所有电压降的总和必须精确等于电源电压。如果测量的电路负载的电压降低于电源电压，则表明电路中存在不希望存在的电阻。通常，这就是接头和导线损坏、搭铁连接处有腐蚀和接触不良所引起的电阻。

（2）测量系统各电路的电流

测量系统电流常用来检查继电器和电动机的工作情况。测量电流时，应将万用表串联在电路中合适的位置，熔断器位置可能是一个比较方便的位置，拆下熔断器，将电流表接在熔断器的位置上，使执行器工作，便可进行测量了。

测量系统各电路的电流更方便的方法是使用钳形电流表。此外，还可在熔丝两端测量电压降，再除以熔丝本身的电阻来计算电流，当然这需要一个精度更高的万用表。熔丝本身的电阻可拔下用万用表毫欧档测量或查生产厂家的技术数据得到。

使用钳形电流表测量电流时，有时也可在熔丝座处进行，这时可使用图 1-20 所示的工具代替熔丝，再用钳形电流表测量电流。

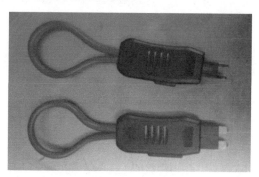

图 1-20　在熔丝座处用钳形电流表测量电流所用工具

7. 查找短路或熔丝熔断的一般方法

如图 1-21 所示，拆下熔断熔丝，断开熔丝的所有负载。在熔丝处接上测试灯，建立能够使测试灯亮起的条件。

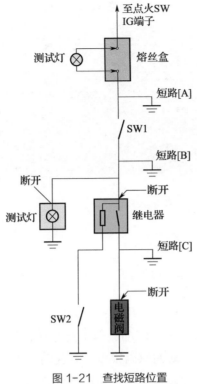

图 1-21　查找短路位置

如：

[A]：点火 SW ON。

[B]：点火 SW 和 SW 1 ON。

[C]：点火 SW、SW 1 和继电器 ON（连接继电器）以及 SW 2 OFF（或断开 SW 2）

断开并再次连接插接器的同时观察测试灯。在测试灯保持亮起的插接器和测试灯熄灭的插接器之间存在短路。沿主线束轻轻摇动故障线束，找出短路的确切位置。对于线路中无中间插接器的线束出现短路故障，为了在不损坏线束的情况下迅速找到短路的位置，可用钳形电流表钳在线束上沿线束移动或分段检查，有电流与无电流之间为故障部位。

第二章

发动机不能起动故障的诊断与排除

一、发动机不能起动故障的诊断

发动机不能起动的现象主要有以下几种：起动机带不动发动机转动，或能带动，但转动缓慢；起动机能带动发动机正常转动，但不能起动，且无着车征兆；有着车征兆，但不能起动。造成发动机不能起动的原因很多，有起动系统、防盗系统或发动机停机系统、电控点火系统、电控汽油喷射系统及发动机机械故障等。由起动系统故障及防盗系统故障而造成发动机不能起动故障的诊断与排除方法本章不予详细讲解。发动机机械故障则应在排除了电控汽油喷射系统和电控点火系统的故障后再做进一步的检查。

1. 故障现象

接通起动开关时，起动机能带动发动机正常转动，但不能发动，且无着车征兆（无初始燃烧迹象）或者有起动征兆（有初始燃烧迹象），但不能起动。

2. 故障原因

（1）发动机不能起动，且无着车征兆的故障原因

1）燃油供给子系统故障。

①油箱中无油。

②电动燃油泵不工作。

③油压调节器不良、燃油管路堵塞或燃油压力过低等。

④缸内直接汽油喷射系统的高压燃油泵不良等。

2）点火系统故障。

①无高压火或点火正时与标准相差较大。

②曲轴或凸轮轴位置传感器故障。

③曲轴位置传感器与凸轮轴位置传感器信号不同步等。

3）ECU 输入 / 输出信号不良、ECU 电源供应不良或 ECU 本身不良。

①熔丝熔断、主继电器及电源电路不良等。

②发动机 ECU 搭铁线路不良或 ECU 本身不良。

③喷油器不工作。

④冷却液温度传感器故障。

⑤起动时节气门全开。

4）发动机机械系统故障。

①正时带过松或断裂，发生跳齿故障。

②因某种原因致使配气正时错误，如装配错误、配件质量不良等。

③发动机气缸压缩压力过低。

5）防盗系统（发动机停机系统）故障。

（2）有着车征兆，但不能起动发动机的故障原因

1）进气系统故障。

①空气流量计后方的进气管路有漏气现象。

②节气门体总成不良（电子节气门或怠速控制阀卡滞）。

③燃油蒸发控制系统或排气再循环管道不良导致的混合气过稀或过浓。

④进气歧管存在真空泄漏情况，如进气歧管垫漏气、真空助力器真空管路泄漏等。

2）点火系统故障。

①点火提前角不正确。

②高压火花太弱。

③多缸火花塞故障。

3）燃油压力太低。

①电动燃油泵或油压调节器不良、汽油滤清器堵塞，导致燃油压力太低。

②缸内直接汽油喷射系统的高压燃油泵不良等。

4）因传感器信号不良或 ECU 控制不良导致的混合气过稀或过浓。

①冷却液温度传感器有故障。

②空气流量计有故障。

③进气歧管压力传感器有故障或真空管脱落。

④ ECU 喷油控制系统故障。

5）喷油器本身不良。

①进气歧管喷射用喷油器漏油或堵塞。

②缸内直接喷射用喷油器漏油或堵塞。

6）机械系统故障。

①排气管堵塞。

②发动机气缸压力过低。

③配气正时不正确或可变配气机构故障。

3. 故障诊断与排除的一般步骤

1）验证故障现象：主要要留意起动机能否带动发动机正常转动，起动时发动机有无起动征兆（有无初始燃烧）。

2）目视检查：线束接头松动／脱落、仪表指示情况、真空管连接情况等，并注意观察油箱存油情况，起动时转速表有无变化，燃油压力脉动衰减器顶部中央的螺钉是否鼓凸出来等。打开点火开关，若汽油表指针不动或油量警告灯点亮，则说明油箱内无油，应加满汽油后再起动。值得注意的是，有些发动机前置后轮驱动的车辆，为便于传动轴布置和保证车辆重心位置，其燃油箱采用马鞍形，传动轴穿过燃油箱底部中央，燃油箱的形状如图 2-1 所示。此时，采用喷射泵可将燃油从无燃油泵的油箱侧传输至有燃油泵的油箱侧。喷射泵的结构及运作如图 2-2 所示。喷射泵位于燃油箱内，由于传动轴位于燃油箱底部中央，燃油箱的形状导致燃油被分为 A 室和 B 室两个部分。当燃油液面下降时，B 室的燃油被停止泵出。为防止此现象的发生，提供一个喷射泵将 B 室的燃油送往 A 室，这是利用燃油的流动来实现的。通过燃油的流动产生负压，当负压作用于喷管时，就将燃油从 B 室吸入，送至 A 室。由上述原理可知，当燃油泵的泵油量减少、回油量不够时，B 室的燃油将不能到达 A 室，这就需要更换燃油泵了。一般而言，这种燃油箱上装有两个燃油计量器，一个主计量器和一个副计量器，如图 2-3 所示。这些燃油计量器采用串联方式，将剩余的燃油量信号传送至组合仪表，以提高燃油计量的准确性。主计量器与喷射泵、压力调节器、燃油泵、燃油滤清器装配在一起，如图 2-4 所示。

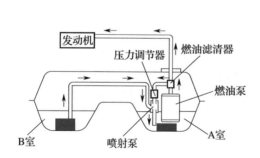

图 2-1　马鞍形燃油箱装用的无回油燃油供给系统

图 2-2　喷射泵的结构及运作

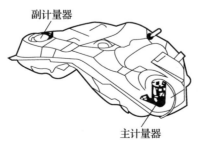

图 2-3　燃油计量器

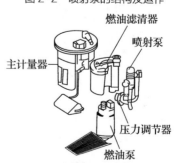

图 2-4　燃油泵及滤清器总成

如果燃油压力脉动衰减器顶部中心的螺钉没有鼓凸出来，则说明无燃油压力或燃油压力过低，应检查燃油系统。

3）应采用正确的起动操作方法。通常，电控汽油喷射式发动机的控制系统要求在起动时不踩加速踏板。如果在起动时将加速踏板完全踩下或反复踩加速踏板以求增加供油量，往往会使控制系统的溢油消除功能起作用，从而导致喷油器不喷油或少喷油，造成不能起动的故障。

4）读取故障码，观察、分析起动时的发动机 ECU 数据流。在查找故障部位之前，可先进行发动机故障自诊断，检查有无故障码，起动时的数据流是否存在明显的异常情况。有些车型使用二次检查逻辑检测是否存在曲轴位置传感器信号不良的故障，通常应连续起动 10s 以上，但不应超过 15s，反复起动两次，每次均应连续起动 10s 以上。第一次连续起动 10s 时，自诊断系统检测到曲轴位置传感器信号不良的故障会生成待定故障码；若第二次连续起动 10s 仍检测到曲轴位置传感器信号不良的故障，才会将待定故障码转变为当前故障码。在读取故障码后应紧接着读取起动时的数据，观察数据流中是否存在明显异常的数据，如发动机转速为 0、起动瞬间系统电压过低、冷却液温度明显异常、起动时的喷油脉宽明显异常等。对于某些发动机来说，有时冷却液温度信号不良也可能出现混合气过稀而无初始燃烧迹象。

理论上说，虽然起动期间的喷油量不由空气流量计信号或进气歧管绝对压力传感器信号决定，但一旦起动后立即转为由空气流量计信号或进气歧管绝对压力传感器信号和发动机转速信号来决定基本喷油量，再加上一些修正即可。如果空气流量计信号或进气歧管绝对压力传感器信号出现错误，就可能引起发动机在起动后瞬间不能平稳运转而导致起动失败，看起来就像有起动征兆而不能起动了。但当发动机 ECU 判断空气流量计或进气歧管绝对压力传感器失效而记忆故障码时，一般均会启用故障失效保护功能或启用备用系统，这时发动机一般都可以起动。

5）检查点火系统。导致不能起动的最常见原因是点火系统不能点火。因此，在做进一步的检查之前，应先排除点火系统的故障。在检查电控汽油喷射式发动机的电控点火系统有无高压火花时应采用正确的方法，不可沿用检查传统触点式点火系统高压火花的做法，以防损坏点火系统中的电子元件。

正确的检查方法是拔下高压分线或拆下无分电器单缸独立点火系统的点火线圈，将一个火花塞接在高压分线或点火线圈上；将火花塞接地；接通起动开关，用起动机带动发动机转动，同时观察火花塞电极处有无强烈的蓝色高压火花（图 2-5）。注意：火花试验时，转动曲轴尽量保证在 5 ~ 10s。

如果没有高压火花或火花很弱，则说明点火系统有故障。燃油喷射式发动机的故障自诊断系统通常能检测出点火系统中的曲轴位置传感器及点火器信号的故障。若有故障码、数据流提示，则可按显示的故障码与相关数据查找故障部位；若无明显异常，则应分别检查点火系统中的高压线、高压线圈、各缸火花塞、点火器、曲轴位置传感器及点火控制系统的 ECU。点火系统较容易损坏的部件是点火器，应重点检查。

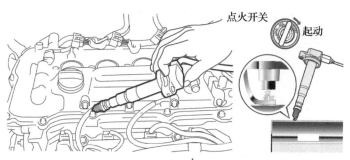

图 2-5　高压跳火试验

　　没有高压火花的另一个原因是发动机正时带断裂或轮齿滑脱，导致凸轮轴不转动、凸轮轴位置传感器无输出信号。可打开加机油口盖、上正时带罩，然后摇转曲轴，同时检查凸轮轴有无转动。如果不转动，则说明正时带断裂或轮齿滑脱，应拆检正时机构和气门机构，查找导致正时带折断的原因，排除故障后，再更换新的正时带。

　　有些车型当正时链轮或正时带错齿后曲轴位置传感器信号与凸轮轴位置传感器信号不同步，也会出现无高压火花的故障。

　　6）检查电动燃油泵工作是否正常。电动燃油泵不工作也是造成发动机不能起动的最常见原因之一。很多车型在第一次打开点火开关时，燃油泵自动运转 1~3s，有的车在关闭点火开关时，燃油泵还会延时运转 1~3s，此时应能从油箱口处听到燃油泵运转的声音；或用手捏住进油管时能感觉到进油管的油压脉动；或燃油压力脉动衰减器顶部中心的螺钉会鼓凸出来；或拆下有回油管燃油系统的油压调节器上的回油管，应有汽油流出。

　　如果电动燃油泵不工作，应检查燃油泵、熔丝、继电器及电动燃油泵控制电路等。如果电路正常，则说明电动燃油泵有故障，应更换。用万用表检测燃油泵电阻，一般应为 $0.2 \sim 3\,\Omega$。我们在拆装更换燃油泵时还应注意某些车上增加了防静电措施，即将电动燃油泵电源插接器（在燃油箱上）的搭铁端子、电动燃油泵插接器（在电动燃油泵上）的搭铁端子、燃油滤清器静电输出接线端子和燃油压力调节器静电输出接线端子用黑色导线连接后与车身连接。由于燃油在燃油箱、电动燃油泵、燃油滤清器和燃油压力调节器内高速流动，与壳体的剧烈摩擦会产生静电荷，并且在各壳体材料不同（铝合金、薄钢板和塑料等）的情况下所产生的静电荷的极性和电位也不同，所以当静电荷量大时会产生"火花放电"，很不安全。将上述各电器壳体上的搭铁端子用导线连接后与车身连接，可使各壳体上的静电荷互相中和，并通过车身接地，因此提高了燃油供给系统的安全性。注意：在更换电动燃油泵或燃油滤清器时，务必先将上述各壳体用黑色导线可靠地连接，然后再将它与车身连接，以确保安全。

　　现在很多车型的诊断仪都提供了读取燃油泵工作的相关数据流，以及对燃油泵进行动作测试的功能。对燃油泵电路进行检查之前，使用诊断仪观察数据流及对燃油泵进行动作测试，可以帮助我们缩小故障范围。图 2-6 所示为使用宝马专用诊断仪读取的燃油泵控制电压及电流。

图 2-6　使用宝马专用诊断仪读取的燃油泵控制电压及电流

图 2-7 所示为宝马 525Li 轿车 N20 发动机实测数据。图中显示当前的低压燃油系统压力为 680.00kPa，高压燃油压力为 7.54MPa。

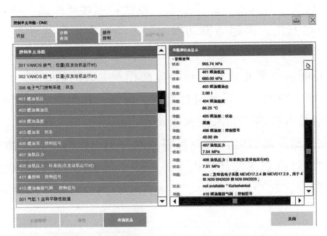

图 2-7　宝马 525Li 轿车 N20 发动机实测数据

图 2-8 所示为使用丰田专用诊断仪 GTS 对威驰 7NR-FE 发动机进行燃油泵的主动测试操作。

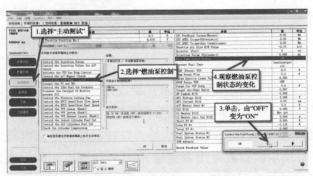

图 2-8　使用丰田专用诊断仪 GTS 对威驰 7NR-FE 发动机进行燃油泵的主动测试操作

如果在检查中电动燃油泵工作，则可以尝试在这种状态下发动机能否起动。若可以起动，则说明是电动燃油泵控制电路有故障，使燃油泵在发动机起动时不工作。对此，应检查电动燃油泵控制电路。

对于缸内直接汽油喷射系统来说，高压燃油系统油轨压力过低，发动机一般以低压喷射，通常不至于毫无起动征兆。若观察到数据流中油压过低，则在必要时可以对高低压燃油系统同时检查。

7）对于有起动征兆但不能起动的故障来说，还要检查进气系统有无漏气。采用空气流量计测量进气量的电控汽油喷射式发动机，只要在空气流量计之后的进气管道有漏气，就会影响进气量计量的准确性，从而使混合气变稀（这里指非增压发动机）。严重的漏气会导致发动机不能起动。检查中应仔细查看空气流量计之后的进气软管有无破裂，各处接头卡箍有无松脱，谐振腔有无破裂，曲轴箱强制通风软管是否接好；检查进气歧管垫漏气、真空助力器真空管路是否泄漏等。

此外，燃油蒸发回收系统和排气再循环系统在起动及怠速运转中是不工作的。如因某种原因而使它们在起动时就进入工作状态，也会影响起动性能。将燃油蒸发回收软管或排气再循环管道堵塞住，再起动发动机，若发动机能正常起动，则说明该系统有故障，应认真检查。

8）检查点火正时。如果点火提前角与标准相差太大的话，则也会出现起动时毫无起动征兆的故障现象，因此，应仔细进行检查、调整，找出点火不正时的真正原因。

9）检查喷油器是否喷油。如果点火系统和电动燃油泵工作正常，则应进一步检查喷油控制系统。在起动发动机时，检查各喷油器有无工作的声音。如果喷油器不工作，可用一个大阻抗的试灯或双向发光二极管测试灯（图2-9）接在喷油器的线束插头上，如图2-10所示。如果在起动发动机时试灯能闪亮，则说明喷油控制系统正常，喷油器有故障，应更换。

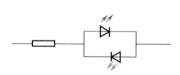 

图2-9　双向发光二极管测试灯电路　　　图2-10　用双向发光二极管测试灯检查喷油信号

如果试灯不闪亮则说明喷油控制系统或控制线路有故障。对此，应检查喷油器电源熔丝有无烧断，喷油器与电源之间的接线是否良好，喷油器与ECU之间的接线是否良好，ECU的电源继电器与ECU之间的接线是否良好。如果外部电路均正常，则可能是ECU内部有故障，可用示波器或万用表测量ECU各接脚电压的方法来检测、分析发动机ECU有无故障；必要时也可以换上一个好的ECU比较数据或试换一下（通常需要进行防盗系统的匹配）。若能起动，则可确定为 ECU 故障。对此，应进行更换。

必要时检查喷油量。喷油量太大或太小也可能是空气流量计或冷却液温度传感器故障所致。如果出现这种情况，则应对照维修手册中的有关数据测量这两个传感器。

10）拆检火花塞。拆下火花塞，观察其间隙并粗略判断混合气过浓或过稀等，如图 2-11 所示。火花塞电极间隙太大也会影响起动性能，正常间隙一般为 0.9~1.1mm，有些高能量的电子点火系统火花塞间隙较大，可达 1.2~1.4mm。若火花塞间隙太大，则应按维修手册所示标准值进行调整。

图 2-11　拆检火花塞

如果火花塞电极表面干燥，则可能是喷油器喷油量太少。对此，应先检查起动时电动汽油泵有无工作。可用导线直接给电动燃油泵供电，再起动发动机。若能起动，则说明电动汽油泵在起动时不工作，应检查控制电路。如果电动汽油泵有工作而不能起动，则应进一步检查燃油压力。如果燃油压力太低，则应检查汽油滤清器、油压调节器及汽油泵有无故障。

如果火花塞表面有大量潮湿汽油，则说明气缸中已出现"呛油"现象，这也会造成发动机不能起动。对此，可拆下所有火花塞，将其用压缩空气吹干，再让气缸中的汽油全部挥发掉，然后装上火花塞，重新起动。如果仍会出现"呛油"现象，则应拆卸喷油器，检查喷油器有无漏油。

喷油量太大或太小也可能是空气流量计、冷却液温度传感器故障或喷油器故障所致。如果出现这种情况，则应对照维修手册中的有关数据测量相应的传感器和执行器。

即使空燃比较稀，火花塞仍然会由于发动机转动时间较长或失火而变湿，因此可能据此错误判断为空燃比过浓。维修员有必要根据这种方法做出判断。

11）检查燃油系统压力。燃油系统油压过低会造成喷油量太少，也会导致不能起动。在电动燃油泵运转时检查燃油系统油压。在发动机未运转的状态下，正常燃油压力应达 300kPa 左右。各种车型的燃油压力并不相同，但 300kPa 左右的燃油压力应能使发动机起动时出现起动征兆。如果燃油压力过低，对于有回油管的燃油系统可用钳子包上软布，将油压调节器的回油管夹住，阻断回油通路，此时，若燃油压力迅速上升，则说明是油压调节器漏油造成油压过低，应更换油压调节器；若燃油压力上升缓慢或基本不上升，则说明油路堵塞或电动燃油泵有故障。对此，应先拆检汽油滤清器。若有堵塞，则应更换；若滤清器良好，则应更换电动燃油泵。

12）检查排气管是否堵塞。拆下某一缸或两个缸火花塞，同时将这一缸或这两缸的喷油器插头拔下，不让其喷油，再起动发动机，若能起动，则说明排气管堵塞；也可直接拆下排气管，然后起动，若能起动，则排气管堵塞无疑。

13）检查气缸压力、气门间隙、配气正时记号和可变配气机构等。气缸压缩压力若低于0.8MPa，则说明气缸压力过低，发动机机械部分有故障，应拆检发动机。

14）对于有起动征兆但不能起动的故障来说，不可忘记检查燃油质量，如燃油有水等导致的混合气过稀。

二、 发动机不能起动故障诊断、排除的相关要点

1. 验证故障现象，迅速找到故障诊断的切入点

验证发动机不能起动的故障现象时，主要要留意起动机能否带动发动机正常转动，起动时发动机有无起动征兆（有无初始燃烧）。

如果起动机带不动发动机旋转，或能带动，但转动缓慢，则应检查起动系统或发动机机械系统。

如果发动机旋转轻快，感觉无压缩阻力，则要检查正时带是否断裂、气缸压力是否过低。

如果不能起动且无着车征兆，那么原因一定是发动机的点火系统、燃油系统或机械系统三者中的一个或一个以上的系统完全丧失了功能。因此，不能起动故障的诊断与排除应重点集中在上述3个系统中。

有着车征兆而不能起动，说明点火系统、燃油系统和控制系统虽然工作失常，但并没有完全丧失功能。这种不能起动故障的原因不外乎是高压火花太弱或点火正时不正确、混合气太稀、混合气太浓、气缸压力太低等。一般先检查点火系统，然后再检查进气系统、燃油系统、控制系统，检查排气管是否堵塞，最后检查发动机气缸压力等。

2. 目视检查应有目放矢

一定要养成下意识地进行目视检查的习惯，且应做到有目放矢。检查线束接头有无松动脱落现象、真空管连接情况、高压线是否插错、汽油表指针及油量警告灯等仪表指示情况，都在目视检查的范围内。

例如，根据发动机故障指示点亮情况初步判断电控燃油喷射（EFI）主继电器的工作情况及ECU的电源供应是否异常；根据安全指示灯的状态判断故障是否在发动机停机系统（防盗系统）中。

如果发动机的燃油系统中装有燃油压力脉动衰减器，我们就可以用脉动衰减器螺钉张力法来初步检查燃油压力。如果燃油压力脉动衰减器顶部的螺钉鼓凸出来，就说明燃油系统有一定的燃油压力；如果燃油压力脉动衰减器顶部的螺钉凹下去，就说明无燃油压力，应检查燃油系统，如图2-12所示。

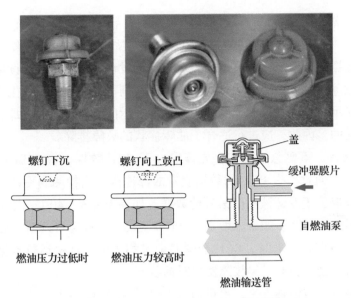

图 2-12　通过燃油压力脉动衰减器初步判断燃油压力

　　如果发动机转速表的转速信号来自点火模块的话，我们就可以根据起动时转速表的指针是否摆动来初步判断故障是不是出在初级点火系统。起动时转速表的指针不动说明点火系统未输出初级点火信号。如果发动机转速表的转速信号是由发动机曲轴位置传感器产生并经发动机 ECU 通过 CAN 数据线传递给仪表 ECU 的话，在起动时转速表的指针已经摆动，则说明有曲轴位置信号输入，如图 2-13 所示。但要注意，这并不能说明曲轴位置传感器信号完全正常；如果转速表的指针不动，则应优先检查曲轴位置传感器信号。

a）未起动时发动机转速表指针指示"0"位　　　b）起动时发动机转速表指针指示约"200r/min"

图 2-13　通过观察发动机转速表初步判断曲轴位置传感器信号

3. 通过读取故障码、数据流来缩小故障范围

读取故障码（DTC）时，还应检查 DTC 输出结果与问题症状是否一致。有时 DTC

输出结果显示异常，但 DTC 所显示的故障可能不会导致发动机不能起动，在这种情况下就要检查 DTC 和问题症状之间的关系，区分当前故障码和历史故障码，必要时先将故障码和定格数据记录下来，清除故障码后再起动发动机，然后再次读取故障码来判断故障码是否与故障有关。如果显示相同的故障码，则可以判断故障发生在故障码指示的系统中。如果显示的是与故障无关的代码，或者显示的是正常代码，那么当前的故障是由其他原因引起的。因此，应进行适合于故障症状的故障排除。

读取故障码后，不要急于检查，先读取一下 ECU 数据，检查 ECU 相应的输入信号、输出信号，并通过检查 ECU 的数据确定故障原因。当检测到冷却液温度信号不良的故障码后，读取关于冷却液温度信号的数据。如果温度是 −40℃，则故障可判断为冷却液温度传感器电路开路；如果温度是 140℃或更高，则故障可判断为短路。

有些故障码被记录下来时，ECU 会同时记录相关的发动机运行数据，通常称为冻结帧数据，这将有助于我们了解故障发生时的状态。

即使故障码没有被识别出来，也可通过 ECU 数据检查 ECU 状况。这个功能能够找出无故障码的故障，包括错误的传感器范围和执行机构故障。这样可将 DTC 无法检测到的传感器范围 / 性能故障以及执行器故障的原因缩小在一定范围内。

4. 发动机正常起动的三要素

发动机正常起动的三要素：①强且正时的高压火花；②合适的空燃比；③足够的气缸压力（当然排气要畅通）。三者缺一不可。首先要判断故障出在这 3 个方面的哪一方面，一般从点火系统入手，先看高压火，再看是否有油进缸。当然，可先看有无喷油信号（可用发光二极管灯等方法检查），油泵能否建立一定油压（可倾听油泵运转声音，采用脉动衰减器螺钉张力法、拆进、回油管查看、油压表测量等方法检查）。当怀疑无油供给时，可在进气口喷化油器清洗剂，然后看能否起动，若能起动，则为燃油供给系统的故障。有火有油后检查点火正时，火花强不强，这是进一步检查点火系。最后拆检火花塞有无淹死，通过观察火花塞状态来进一步判断空燃比是否明显地过小或过大。若火花塞没有溺死现象，在进气口喷化油器清洗剂也不能起动，高压火花强且正时，就用前述方法检查排气管有无堵塞，最后测量气缸压力。若起动时有起动征兆但不能起动，伴随有排气突突、车身抖动、冒黑烟或回火放炮等现象，则应立即检查点火正时，接着检查混合气是否过浓或过稀，再查排气堵塞、气缸压力等。可总结为：

> 排气突突车抖动，屡次着车车难着。
>
> 先查点火不正时，再查空燃混合比。
>
> 回火放炮点火错，排气不畅、缸压低。

5. 电控发动机控制系统主要元件的故障表现

了解电控发动机控制系统主要元件发生故障时的主要表现，是正确、迅速地诊断故障的基础。

电控发动机控制系统的各项功能是由许多元件相互配合完成的，如果元件发生故障，必将影响整个系统的工作。但是，并不是所有的元件故障都会导致发动机不能起动，因此，了解电控发动机控制系统主要元件发生故障时的表现在汽车维修中是非常必要的。举例来说，当发动机无高压火时，不能因为爆燃传感器是点火系统的元件而首先就对它进行检查，我们应抓住问题的主要面，才能有的放矢，尽快诊断出故障。为此，将电控发动机控制系统主要元件产生故障时的主要表现归纳在表 2-1 内。后面所述的其他故障诊断也可参考。

表 2-1 电控发动机控制系统主要元件故障现象

元件名称	功　能	故障现象
发动机 ECU	根据各传感器输入的信号进行综合处理，发出各种补偿修正信号	①发动机无法起动；②发动机工作不良、性能失常
点火线圈	接收从点火器（模组）送来的放大信号，产生一次与二次电流	①某缸或某两缸无高压火花，即个别缸不工作；②高压火花强度不足；③个别机型可能导致无法起动（因为点火线圈不至于同时损坏，故一般能起动）
点火器	接收点火信号发生器或 ECU 发出的点火信号并将点火信号放大后，控制点火线圈初级电路的通断	①无高压火花；②高压火花弱；③闭角值混乱；④个别缸不工作；⑤发动机难起动
热线式（或热膜式）空气流量计（LH 型电控系统用）	该型空气流量计利用空气流经热线（或热膜）会产生冷却效应的基本原理来测量空气流量并输入 ECU，以决定基本喷油量和点火提前角	①发动机起动困难；②急速不稳；③发动机易熄火；④发动机动力不足
进气歧管绝对压力传感器（博世 D 型电控系统）	在博世 D 型电控系统中，通过真空管与进气管连接所形成的负压大小测量进气量，进气歧管绝对压力传感器将相应的电压信号输入 ECU，以决定点火与燃油喷射系统基本参数	①发动机不易起动；②发动机运转无力；③发动机急速不稳；④发动机油耗增加
节气门位置传感器（线性）	节气门位置传感器检测节气门的开度和开、闭速率，ECU 根据此信号判断发动机的急速、加速、减速等工况，修正喷油量	①发动机起动困难；②急速不稳，易熄火；③发动机工作不良；④加速性差；⑤发动机动力性能下降
电子节气门体总成	通常由节气门电机、1 号节气门位置传感器、2 号节气门位置传感器、节气门执行器等组成。它根据 ECU 的指令控制节气门的开度，并将节气门开度反馈给 ECU	①急速过高；②加速不良或不能加速；③急速熄火、起动困难等；④急速游车
加速踏板位置传感器	加速踏板位置传感器检测加速踏板的开度和开、闭速率，ECU 根据此信号判断发动机的急速、加速、减速等工况，控制电子节气门开闭、修正喷油量等	①急速过高；②加速不良；③只能急速运转或低速运转等

（续）

元件名称	功　能	故障现象
进气温度传感器	利用进气温度改变内部的热敏电阻所形成的对应电压信号输入 ECU，以供 ECU 修正点火、喷油正时及进行喷油量修正	①急速不稳；②易熄火；③耗油量增大；④个别车型起动困难；⑤混合气过浓；⑥发动机性能不佳
冷却液温度传感器	利用冷却液温度改变内部热敏电阻值的大小所形成的对应电压信号输入 ECU，作为点火与喷油正时调整，修正喷油量，进行冷起动加浓等	①起动困难，特别是冷起动；②急速不稳、易熄火；③发动机性能不佳；④急速过高
怠速控制阀	ECU 根据发动机各传感器的信号，指令急速电动机做出相应动作，决定旁通空气量，以修正喷油量	①起动困难；②急速不稳；③容易熄火；④开空调易熄火；⑤急速过高；⑥发动机易失速
空档起动开关（P/N 开关）	P/N 开关挂入空档和驻车档时才能起动，脱离空档，信号输入 ECU 后增加急速进气量和喷油量	①发动机无法起动；②脱离 P/N 位后，ECU 不指示增油；③急速不稳易熄火；④变速杆不在"P""N"位时发动机也能起动
氧传感器或空燃比传感器	用来监测排气歧管中的氧含量，以供 ECU 修正和调整空燃比	①急速不稳；②耗油量大；③空燃比不当，有害气体的排放高；④有些车型会出现加速不良
动力转向开关（P/S 开关）	P/S 开关接受动力转向盘转向时的压力信号，将转向信号输入 ECU，以供修正急速喷油量	①转向时发动机易熄火；②转向时发动机急速不稳；③发动机急速时无法补偿
空调开关（A/C）	当接通空调时，空调开关将信号输入 ECU，以修正急速时喷油量	①开空调时发动机易熄火；②开空调时急速转速下降；③开空调时急速不稳；④开空调时无空调功能
曲轴箱通风阀（PCV 阀）	曲轴箱通风阀开启时，将曲轴箱内的燃油、机油蒸气和燃烧气体漏入曲轴箱的废气引入进气管，以降低废气排放	①发动机不易起动；②无急速或急速不稳；③加速无力、耗油增加
排气再循环阀（EGR 阀）	控制废气引入燃烧室的量，从而降低发动机的温度，以减少 NOx 排放量	①发动机温度过高；②发动机不易起动；③发动机无力、耗油量大；④爆燃；⑤加速不良；⑥排气中 NOx 含量高；⑦减速熄火
排气再循环阀位置传感器	EGR 阀位置传感器是以电位计的形式将 EGR 阀的位置信号输入 ECU，以控制 NOx 排放量	①急速不稳，容易熄火；②有害气体排放量过高（NOx）；③发动机性能不佳
活性炭罐电磁阀	发动机起动后，ECU 指令炭罐电磁阀动作，使炭罐内的燃油蒸气经由电磁阀进入燃烧室	①发动机性能不佳；②急速不良；③空燃比不正确
爆燃传感器	爆燃传感器侦测到爆燃信号，将信号送入 ECU，以修正点火正时	①发动机爆燃，特别是加速时爆燃；②点火正时不准，发动机工作不良

（续）

元件名称	功能	故障现象
曲轴位置传感器	利用电磁感应（或霍尔效应或光电效应或磁阻元件）将曲轴转速与上止点信号输入ECU，作为点火正时与喷油量控制的主信号	①发动机无法起动或起动困难；②加速不良；③急速不稳；④容易熄火，间歇性熄火
凸轮轴位置传感器	利用电磁感应（或霍尔效应或光电效应或磁阻元件）将凸轮轴位置信号输入ECU，作为可变配气正时控制、点火正时控制等方面的控制信号	①发动机无法起动或起动困难；②加速不良，动力不足；③急速不稳；④容易熄火，间歇性熄火
可变配气正时控制电磁阀	ECU感知各传感器送入的信号，适时地起动电磁阀，以利用机油压力改变凸轮轴角度，调整进排气门开闭时间	①急速不稳，引起抖动；②发动机运转无力；③引起三元催化转换器损坏；④产生爆燃；⑤发动机起动困难
电动燃油泵	通常燃油泵在接通点开关后，可运转2~3s，以补充系统初始压力；起动后，向系统连续供油	①发动机起动困难，甚至无法起动；②发动机起动后熄火或运转途中熄火；③发动机运转无力，汽车加速性差
燃油滤清器	燃油滤清器用来滤去燃油中的杂质	①发动机无法起动，或起动困难；②发动机工作不良，运转不稳；③发动机运转中有"打嗝"现象；④喷油器堵塞；⑤发动机运转无力，汽车加速性差
燃油压力调节器	燃油压力调节器用以调整系统压力，使其稳定供油	①起动困难、急速不稳易熄火；②运转无力、供油不足；③发动机排气冒黑烟
喷油器	根据ECU发出的喷油脉冲信号，向进气歧管喷入适量的燃油	①发动机起动困难，或无法起动；②发动机工作不稳、抖动；③急速不稳；④容易熄火；⑤排气冒黑烟，排污增加
车速传感器	用以检查车速，其信号送入ECU用以修正喷油量等	①防抱死制动系统（ABS）不工作；②巡行控制不工作；③发动机运转不良，无力；④无高速断油和急减速断油控制；⑤减速停车时运转不稳、易熄火。

6. 点火系统的检查

导致发动机不能起动的最常见原因是点火系统不能点火。因此，在做进一步的检查之前，应先排除点火系统的故障。在检查电控汽油喷射式发动机的电控点火系统有无高压火花时应采用正确的方法，不可沿用检查传统触点式点火系统高压火花的做法，以防损坏点火系统中的电子元件。

目前，轿车发动机上使用的点火系统主要是无分电器直接点火系统。无分电器直接点火系统又可分为双缸同时点火无分电器点火系统和各缸独立点火无分电器点火系统，其中，各缸独立点火无分电器直接点火系统是目前发动机的主流点火系统类型。

无分电器直接点火系统（DIS）如图2-14所示，这种点火系统取消了分电器，使用多个点火线圈直接向火花塞提供高压电。点火正时由发动机电控单元（ECU）中的电子点火提前功能控制。这种点火系统在目前的汽油机中占主导地位。

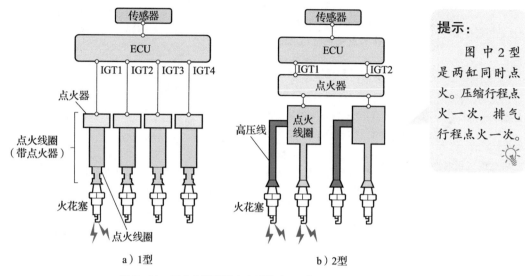

提示：

图中2型是两缸同时点火。压缩行程点火一次，排气行程点火一次。

a）1型　　　　　　　　　b）2型

图2-14　无分电器直接点火系统（DIS）

带点火器的点火线圈结构通常如图2-15所示。有些发动机各个缸的点火线圈与点火模块是分开的，点火模块可以集成在发动机控制模块中，也可做成一个点火模块总成；还有些发动机把4个缸的4个点火线圈集成在一起，如雪铁龙C5、雪佛兰景程轿车的发动机等。

各缸独立点火无分电器点火系统因点火线圈和火花塞直接连接，使高压电流过的距离缩短，从而使电压损失和电磁干扰也减少。这样点火系统的可靠性也得到提高。

现代汽车采用的微机控制的电子点火系统通常都是发动机集中控制系统中的项目之一，同所有的电控系统一样，都是由传感器、ECU、执行器三部分组成。不过其ECU通常也就是发动机ECU，传感器也大多是与燃油喷射等电控系统共用的传感器，单独属于点火控制的传感器可能只有爆燃传感器了。

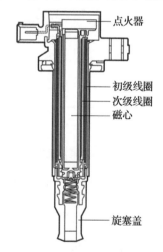

图2-15　带点火器的点火线圈结构

其传感器及输入信号主要有：空气流量计或进气歧管绝对压力传感器、曲轴位置传感器、凸轮轴位置传感器、节气门位置传感器、冷却液温度传感器、车速传感器、爆燃传感器、起动开关信号、空调开关信号、空档起动开关信号等。虽然参与点火控制的传感器很多，但我们习惯上仅将曲轴位置传感器、凸轮轴位置传感器、爆燃传感器归于点火系，其他的传感器主要是用来修正点火提前角，而不控制是否点火。因此，我们通常说的点火系包括ECU、点火器、点火线圈、高压线、火花塞、曲轴位置传感器、凸轮轴位置传感器和爆燃传感器等。

　　并不是所有的发动机都需要凸轮轴位置传感器信号才可能点火，对双缸同时点火的无分电器点火系统来说，只需其曲轴位置传感器上有缺齿的活塞上止点位置信息，就能完成点火控制任务。使用凸轮轴位置传感器信号一是用来为喷油器定序，从而进行顺序喷射，二是实现快速起动。也就是说，有了凸轮轴位置传感器信号，不管发动机熄火时曲轴处于哪种位置（角度），下次起动时曲轴只要转动较少角度，便可识别出某缸压缩上止点位置，就能进行点火控制。如果没有凸轮轴位置传感器信号，只有曲轴位置传感器信号轮缺齿位置提供的某缸上止点位置信号，对双缸同时点火的无分电器点火系统来说，起动时可能要转动接近一周才会得到上止点位置信号，从而进行点火控制，起动可能显得慢点；而对于各缸独立的无分电器点火系统来说，ECU 必须通过内部程序分析、计算出各缸压缩上止点位置，才能顺利起动，起动当然会困难些，有时会出现第一次起动时不能起动，第二次起动时，ECU 记忆了故障码再启动内部分析程序，计算出压缩上止点位置后就能起动了。曲轴位置传感器与凸轮轴位置传感器信号共同输入当然也增加了运行可靠性与响应性，自诊断中的缺火监测的可靠性，也是可变配气正时反馈控制的需要。对于缸外喷射的发动机来说，即使没有按正确顺序使喷油器喷油时，发动机加速恶化、怠速抖动，但并不会十分严重，因为喷油器的喷油是在缸外的进气门前方进行的。

　　各种不同的点火系统，其主要的发动机转速与曲轴位置传感器、凸轮轴位置传感器的检查方法是差不多的，我们要分析它们的结构型式，在维修中可按下述方法检查发动机转速与曲轴位置传感器、凸轮轴位置传感器及线路。

　　（1）电磁式传感器的检测

　　1）元件检测。关闭点火开关，拔下传感器插头，用万用表欧姆档测量传感器感应线圈的电阻值，测量值应符合原厂规定。其阻值一般在 $300 \sim 2000\Omega$ 之间。

　　2）在线检测：

　　①用万用表交流电压 2V 档测量其输出电压：起动时应高于 0.1V，运转时应为 $0.4 \sim 0.8V$。

　　②用万用表频率档测量其工作频率。

　　③用示波器检测其输出信号波形。

　　④如果在传感器上能检测到电压信号，而 ECU 插接器上检测不到信号，则应检查传感器至 ECU 之间的导线及插头。

　　（2）光电式传感器的检测

　　1）拔下传感器插头，打开点火开关，检查插头上电源端子与搭铁端子之间的电压，应为 5V 或 12V（视车型而异，一般为 12V）。若无电压，则应检查传感器至 ECU 的导线和 ECU 上相应端子的电压；若 ECU 端子有电压，则为 ECU 至传感器导线断路，否则为ECU故障。

2）拔下传感器插头，打开点火开关，检查插头上信号线端子与搭铁端子之间的电压，应为5V。

3）插回传感器插头，起动发动机，转速保持在2500r/min左右，测量传感器输出端子的电压，应为2～3V，否则为传感器损坏。

4）用示波器检测其信号波形，应为5V方波。

（3）霍尔式传感器的检测

1）拔下传感器插头，打开点火开关，检查插头上电源端子与搭铁之间的电压，应为5V或9V或12V（视车型而异）。若无电压，则应检查传感器至ECU之间的线路及ECU上相应端子的电压，ECU相应端子有电压，则为传感器至ECU之间线路断路，无电压则为ECU故障。

2）拔下传感器插头，打开点火开关，检查插头上信号线端子与搭铁之间的电压，应为5V。若无电压，则应检查传感器至ECU之间的线路及ECU上相应端子的电压，ECU相应端子有电压，则为传感器至ECU之间线路断路，无电压则为ECU故障。

3）插回传感器插头，起动发动机，测量传感器输出端子信号电压，应为3～6V，若无信号电压，则为传感器故障。

4）用示波器检测传感器输出电压波形。

（4）磁阻元件式转速及位置传感器

其检查方法与霍尔式传感器的检测方法类似。

2014款丰田威驰轿车5NR-FE发动机的曲轴位置传感器、进气凸轮位置传感器和排气凸轮位置传感器均采用磁阻元件（MRE）型。图2-16所示为急速状态下其曲轴位置传感器的实测波形，较宽的矩形波对应缺齿位置，用以确定上止点。

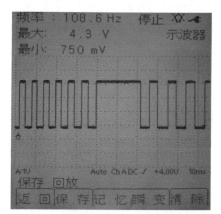

图2-16　丰田威驰轿车5NR-FE发动机磁阻元件（MRE）型曲轴位置传感器实测波形

事实上，不论是光电式、霍尔式还是磁阻元件式转速及位置传感器，它们都是需外加电源的传感器，我们只要分别弄清其上的电源、信号、搭铁端子，就可进行模拟检查。把电源端子与蓄电池正极连接，信号端子串接一个3～10kΩ的电阻后再与蓄电池正极连接，搭铁端子与蓄电池负极连接，转动转子，同时用万用表检查信号端子与搭铁端子之间的电压变动情况，应输出相应的信号脉冲。一般是当槽孔处于传感器元件中间时，传感器对外输出高电位。

绝大多数车辆在发动机转速与曲轴位置传感器失效后将不能起动，如在运行中突然失去发动机转速与曲轴位置传感器信号，发动机也会立即熄火。但大众公司的某些发动机如捷达前卫两气门发动机、朗逸 EA211 发动机在运转中突然失去发动机转速会熄火，却可以再次起动，只是可能要多起动几秒钟，且加速性能稍稍变差一点，因为此时发动机 ECU 用霍尔传感器替代了转速传感器工作的。朗逸 EA211 发动机除下一次发动机起动会耗时更长外，发动机起动后转速会被限制在 3000r/min，输出转矩将减少。

图 2-17 所示为丰田卡罗拉 1ZR-FE 发动机的曲轴位置传感器与凸轮轴位置传感器。其曲轴位置传感器采用耦合线圈型，即磁电式曲轴位置传感器。曲轴的正时转子有 34 个齿并空缺 2 个齿。每转过一个齿，曲轴旋转 10°，这样曲轴位置传感器就会输出曲轴转角与转速信号，空缺的齿用于判定上止点。该发动机采用了磁阻元件（MRE）型进气和排气凸轮轴位置传感器。为了检测凸轮轴位置，曲轴每旋转 2 周，进气和排气凸轮轴上的各正时转子便会产生 3 个（3 个高输出、3 个低输出）脉冲。其曲轴位置传感器与凸轮轴位置传感器的信号波形如图 2-18 所示。

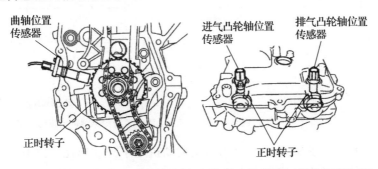

图 2-17　丰田卡罗拉 1ZR-FE 发动机的曲轴位置传感器与凸轮轴位置传感器

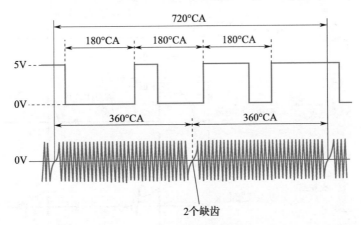

图 2-18　丰田卡罗拉 1ZR-FE 发动机的曲轴位置传感器与凸轮轴位置传感器的信号波形

MRE 型凸轮轴位置传感器由 MRE、磁铁和传感器组成。通过传感器的磁场方向随正时转子外形（凸起和未凸起部分）的不同而改变。因此，MRE 电阻改变，输出至发动机控制模块（ECM）即发动机 ECU 的电压也随之升高或降低。ECM 根据此输出电压检测凸轮轴的位置。其电路如图 2-19 所示。

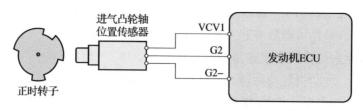

图 2-19　MRE 型凸轮轴位置传感器电路

可变磁阻式位置传感器在发动机转速很低时开始持续输出数字信号，而耦合线圈型（磁电式）传感器输出的是模拟信号，且随发动机转速的变化而变化，如图 2-20 所示。

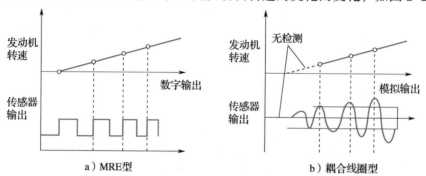

图 2-20　MRE 型和耦合线圈型（磁电式）凸轮轴位置传感器输出波形图比较

在丰田车系电控点火系统中，点火器按发动机电子控制单元（ECU）输出的点火信号（IGT 信号）精确地中断流往点火线圈的初级电流，其控制过程如图 2-21 所示。

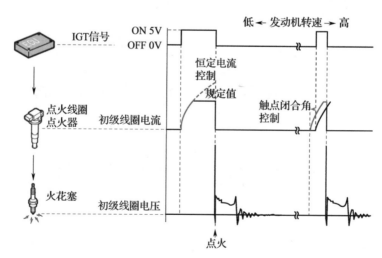

图 2-21　点火控制过程

1）点火正时信号：当 IGT 信号从断转换至通时，点火器起动初级电流。

2）恒电流控制器：当初级电流到达规定值时，点火器将调节电流以限定最大电流值。

3）凸轮闭合角控制器：当发动机转速升高时，如果初级电流导通所对应的凸轮轴转角不变的话，则初级电流导通所对应的持续时间渐趋降低，这样初级电流也将下降，将无法保证足够的点火能量。为保证有正确的初级电流持续时间，凸轮闭合角控制器调节初级电流持续的时间长度（凸轮闭合角），即根据发动机转速和蓄电池电压调节点火闭合角，以保证足够的点火能量。在某些的发动机型号上，此控制器已通过 IGT 信号来操作。

当 IGT 信号从通转换至断时，点火器关断初级电流。

初级电流被关断的瞬间，在初级线圈中产生成百伏的电压，而在次级线圈中产生成千伏的电压，足以使火花塞引燃火花。

点火器按发动机 ECU 的 IGT 信号，精确地中断点火线圈中的初级电流。然后，点火器又按初级电流的电流值，向发动机的 ECU 输送 1 个点火确认信号（IGF 信号）。当来自点火器的初级电流达到预定值 IF1 时，IGF 信号即被输出。当初级电流超过预定值 IF2 时，此系统就判定所许的电流量已流过，因而允许 IGF 信号回至其原来的电压，如图 2-22 所示。

⚠️ 注意：IGF 信号的波形随发动机型号而不同。

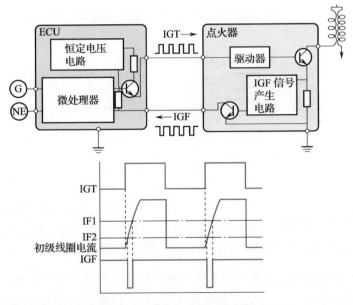

图 2-22　IGT 信号与 IGF 信号

如果发动机 ECU 未收到某缸点火模块的 IGF 信号，则可认定点火系统内存在故障。为防止喷油器继续喷油导致三元催化转换器（TWC）过热等不良影响，发动机 ECU 停止该缸的燃料喷射，并将故障码储存在 ECU 中，此时发动机由于该缸不工作而发抖。但是，发动机 ECU 不能探测次级电流电路中的故障，因此发动机 ECU 只能监视初级电流电路中的 IGF 信号。

应注意的是在有些发动机型号上，IGF 信号是通过初级电压判定的。

丰田卡罗拉 1ZR-FE 发动机采用直接点火系统，其电路原理示意图如图 2-23 所示。该系统中的 IGT 与 IGF 信号的输出关系如图 2-24 所示。

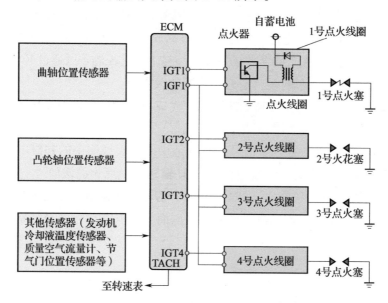

图 2-23　丰田卡罗拉 1ZR-FE 发动机直接点火系统电路原理示意图

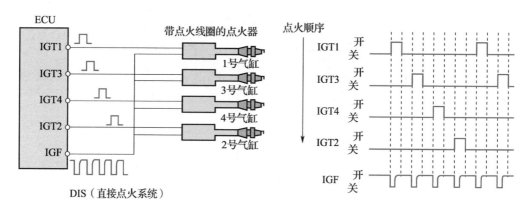

图 2-24　丰田卡罗拉 1ZR-FE 发动机直接点火系统的 IGT 与 IGF 信号

如果丰田车系有分电器电控点火系缺少点火确认（反馈）信号，那么 IGF 信号时的故障现象是：第一次起动发动机时能起动 1s 左右，也就是还没来得及松手让点火钥匙回位发动机就熄火了；如果一直将点火开关置于起动档，将不再有起动征兆；若将点火开关先完全关掉并停留片刻再置于起动档，这时又可起动 1s 左右然后不再有起动征兆。也就是说在起动后几个 IGT 信号间 ECU 检测不到 IGF 信号，喷油器电路将被切断，从而使发动机无法起动。

我们常说，在无分电器单缸独立点火的点火系统中，一个缸的点火线圈或点火模块故障是不会导致发动机不能起动的，但这仅是对大多数发动机而言。个别车型的发动机记忆了一个缸的点火系统初级电路不良的故障码后，将切断所有气缸的燃油喷射，因而发动机不能起动。这应引起维修人员的注意。

7. 点火不正时的原因分析

点火不正时导致发动机不能起动的原因和排除方法比较简单，一般为装配不正确所致。无论是配气正时错误或曲轴、凸轮轴位置传感器安装上的位置偏差或是看起来相同而不具互换性的配件相互用错，都应在考虑之列。这里要指出的是磁电式曲轴或凸轮轴位置传感器的两信号线也不能对调错接。这将引起曲轴、凸轮轴位置信号波形正负颠倒，反映位置失准从而导致点火不正时，有些车型连高压火都没有了。在磁电式发动机转速及曲轴位置传感器的信号轮上的齿数本来就不多且不对称的情况下，这个问题就显得特别突出，这会导致因点火提前角相差太大而不能起动。

8. 水淹车的处理

有经验的驾驶员都知道在汽车涉水时发动机突然熄火，是不能接着再起动发动机的，因为如果水进缸后不可压缩而使连杆弯曲，弯曲的连杆又使活塞与曲轴平衡重碰撞，则可能使连杆折断、缸体破裂。此时应将车从水中推出或拖出，首先检查空气滤清器中有无水，拆去空气滤清器滤芯，清除其中的水，再拆下所有缸的火花塞，切断喷油器控制电路或油泵控制电路，用起动机带动发动机曲轴旋转使气缸中的水排出，还应注意进气歧管的稳压腔中是否还有积水，如果图 2-25 所示的稳压腔靠下方的进气歧管进水，就不易排出。可将真空管从节气门处伸进去用真空泵吸出来。如果进气歧管稳压腔中的积水没被排出，当装上火花塞起动时将被吸进气缸，还是可能造成连杆弯曲。总之，应将水排尽。同时还要视情况把点火系等电气系统沾上的水吹干净，如各个电器接头、分电器盖内、高压线、ECU 等。

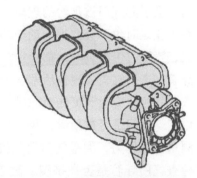

图 2-25　稳压腔靠下方的进气歧管

汽车遭水没顶浸泡后，若不及时处理，车辆（尤其是高级轿车）就会遭到毁灭性打击——全车 ECU 元件锈烂、电机卡死、线头霉烂，音响系统、空调系统等也会受到重大损伤。此时处理起来可能就要麻烦一点了。对维修技师来说，千万不要慌乱，先切断电池电源，所有的 ECU、仪表、开关、电器及接头均应拆下，用压缩空气吹干。拆下座椅、门窗、地毯、车内灯开关，保养所有电机，先用除锈剂清洗电路插头、开关，再用化油器清洗剂或酒精清洗。拆下地毯、座椅晒干，拆下所有 ECU 元件、控制继电器、熔丝座进行清洗，一定要将锈迹除去。对于仪表，如有损坏则应进行更换。仪表是较为精密的元件，一般不要去修理它，尽量更换。更换全车各种油液，如机油、自动变速器油、动力转向油、制动油、齿轮油等，放干净燃油箱内的积水或更换燃油。对发动机进气系统、排气系统、气缸中的积水进行处理，方可加注新的油液，接好电池进行起动。在生锈的地方，喷除锈剂以除掉锈迹。总而言之，处理这种车辆一定要及时。

9. 曲轴位置传感器信号与凸轮轴位置传感器信号不同步

对于某些车型的发动机，当正时链轮或正时带上的正时记号对错时，ECU 收到的曲轴位置信号与凸轮轴位置信号不同步，ECU 无法进行气缸、上止点位置的识别，便不点火、不喷油，因而无法起动。

例如，奥迪 V6 发动机在行驶中熄火后不能起动，经查无高压火不喷油，正时带未断裂，发动机转速传感器、点火正时传感器（曲轴位置、上止点信号）、霍尔传感器（凸轮轴位置气缸识别信号）均有信号输出，仔细检查发现正时带上脱掉了 2 个齿牙导致配气相位失准，识别信号不同步，ECU 不能正常工作。

这种情况可用示波器检查曲轴位置、凸轮轴位置信号是否同步，但必须熟知各机型曲轴位置、凸轮轴位置信号的相位关系才能进行。

10. 对正时带跳齿、断裂导致气门弯曲的说明

当正时带跳齿、断裂时，维修人员不单单是调整校正配气正时、更换正时带，还应检查气门是否被顶弯损坏，对非常熟悉的有过相应维修经验的发动机，可能不用看就知道不会引起气门被顶弯的现象，因为这种发动机在设计时就保证了即使气门全开、活塞在上止点时也不会产生运动干涉。但现在绝大多数的轿车汽油发动机和所有的柴油发动机，当正时带断裂时，都会造成气门与活塞的机械运动干涉，导致顶弯气门、挤裂气门导管、击伤缸盖、撞伤活塞、卡死活塞环等机械故障。当运行中正时带跳齿，一般会导致配气相位变迟，可能引起排气门全部弯曲，而进气门没问题。如果正时带断裂就很难说了。气门是否被顶弯，我们只需拆下气门室盖，检查气门间隙是否过大，并不一定要测量气缸压力，如果气门间隙很大就说明气门被顶弯了，这时还需进一步拆下气缸盖，检查气门导管是否被挤裂、缸盖是否被击伤；如果活塞边缘撞伤较严重，则应拆检活塞，检查第一道活塞环是否被卡死在环槽内。

因此，当正时带跳齿较多、断裂时，我们应同时检查气门间隙，判断气门是否被顶弯，并视情况做进一步检查。

在实际的维修工作中，装配和检查配气正时一定要仔细。一般应注意以下几点：

1）在装缸盖总成时，一般应先把第 1 缸活塞摇至上止点后再反转曲轴一定角度（通常 4 缸发动机反转 90°，6 缸发动机反转 60°，8 缸发动机反转 45°），也就是使各缸活塞均不处于上止点位置。待缸盖螺栓拧紧后再转动各凸轮轴至第 1 缸压缩上止点位置，然后再把曲轴摇回几十度至第 1 缸上止点，装好配气正时驱动部分，以免装配过程中气门与活塞发生干涉。

2）对不熟悉的机型要查阅相关的维修手册，若实在无时查阅，也要根据原理进

行分析，注意双顶置凸轮轴发动机各凸轮轴正常工作时的旋转方向，分析各个冲程气门的开闭情况，不可想当然。现在，很多车型的发动机在安装正时带或正时链条时均必须使用专用工具，下面介绍2013款上海大众1.4LTSIEA211发动机的正时带安装方法。

先假定气缸盖已装好，但凸轮轴壳体没装到气缸盖上。先安装曲轴正时带轮到时曲轴前端，注意使曲轴正时带轮上的缺口与曲轴上的缺口对齐（见图2-26），否则将损坏曲轴、曲轴正时带轮并使配气正时产生误差。

使用T10368尼龙垫垫到原曲轴带轮与正时带轮接触处，将带轮螺栓拧紧，如图2-27所示。

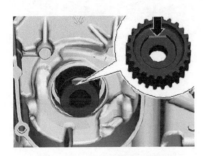 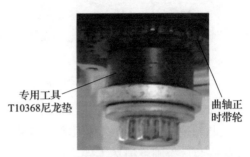

图2-26　安装曲轴正时带轮　　　　　图2-27　安装专用工具尼龙垫

将用于密封气缸体"上止点"孔的锁定螺栓拧出，顺时针旋转曲轴，使曲轴转过1缸上止点270°左右。

将专用工具T10340以30N·m的力矩拧到气缸体上并拧到底。将曲轴沿顺时针方向转动，至限位位置，如图2-28所示。

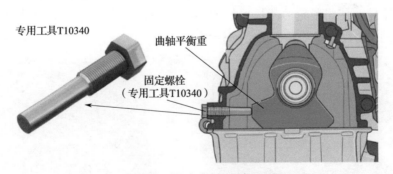

图2-28　安装曲轴1缸上止点定位专用工具T10340

⚠ **注意**：专用工具T10340顶在曲轴平衡重侧壁，它只能在发动机转动方向上锁定曲轴于上止点的位置上。

使凸轮轴壳体总成上的凸轮轴位于1缸压缩上止点，方法是：在凸轮轴的后端，不对称的卡槽必须位于过圆心的水平中心线的上方，如图2-29所示。

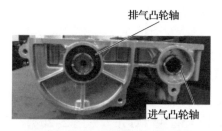

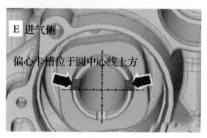

图 2-29　安装凸轮轴锁 T10477

当凸轮轴位于上止点，即在凸轮轴的后端不对称的卡槽位于过圆心的水平中心线上方时，装入凸轮轴锁 T10477，必须能很容易装入安装位置并用螺栓拧紧，不能用强行冲击的方法安装，否则将损坏零件。

检查气缸盖上液压气门间隙补偿元件／液压挺杆正确放置，锥形锁片正确固定。机油滤网正确放在气缸盖上的凹槽上。然后将装好凸轮轴锁 T10477 的凸轮轴壳体总成装到气缸盖上。按规定顺序和力矩拧紧凸轮轴壳体的固定螺栓。

更换凸轮轴齿形带轮螺栓，并将其拧上，但不要拧紧，如图 2-30 所示。凸轮轴齿形带轮还要在凸轮轴上转动（凸轮轴齿形带轮与凸轮轴之间无键或销连接），但要防止其晃动。

安装张紧轮，使张紧轮的凸耳（如图 2-31 中的箭头所示）必须嵌入在气缸盖的铸造孔内（见图 2-31），张紧轮的固定螺栓用手拧紧。

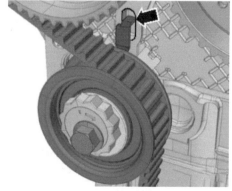

图 2-30　更换螺栓　　　　　　　　图 2-31　张紧轮凸耳正确定位

按图 2-32 中顺序装上正时带：曲轴齿形带轮→张紧轮→排气凸轮轴带轮→进气凸轮轴带轮→导向轮。

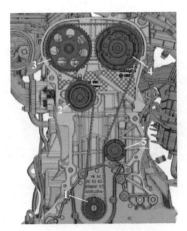

图 2-32　安装正时带

1—曲轴齿形带轮　2—张紧轮　3—排气凸轮轴带轮　4—进气凸轮轴带轮　5—导向轮

　　用专用工具 T10499 将张紧轮的偏心轮向图 2-33b 中箭头所示方向（顺时针）转动，直到指示针位于缺口右侧 10mm 处（目的是绷紧正时带），同时应注意确保曲轴平衡重侧壁顶在专用工具栓 T10340 上，必要时进行调整。接着将偏心轮向回转，直到指示针正好位于缺口中间。将偏心轮保持在该位置上，同时用专用工具 T10500（可用 13mm 梅花扳手代替）拧紧固定螺栓（见图 2-33a）。

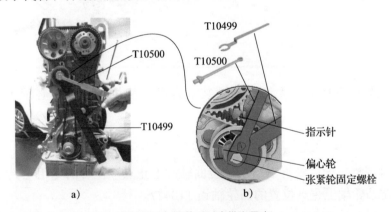

图 2-33　调整正时皮带张紧度

　　旋出固定凸轮轴专用工具的螺栓，取出凸轮轴固定工具 T10477。

　　如图 2-34 所示，用专用工具 T10172/2 和 T10172 将凸轮轴带轮的 2 颗固定螺栓拧紧至 50N·m。

　　⚠ **注意**：拧紧这 2 颗螺栓的反作用力，必须由 T10172/2 和 T10172 承受。

　　拆下用于定位曲轴"上止点"位置的专用工具 T10340。

　　曲轴沿发动机转动方向转 3 圈（270°），将专用工具 T10340 以 30N·m 的力矩拧到气缸体上并拧到底。再将曲轴沿顺时针方向转到限位位置，现在曲轴处于上止点。如果凸轮轴锁 T10477 能够很容易地安装到凸轮轴的止点位，并能用螺栓轻易地拧到底，则正时调整正确，如图2-35所示。

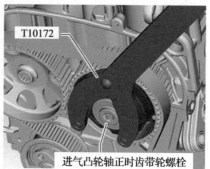

图2-34　凸轮轴带轮的固定螺栓的拧紧

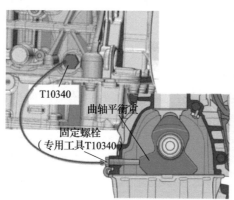

图2-35　检查配气正时

如果凸轮轴锁T10477无法顺利安装，则配气相位不合格，必须重新调整配气相位。

⚠️ **注意**：不能用强行冲击的方法安装T10477，否则将损坏零件。

如果正时调整正确，则拆下用于定位曲轴"上止点"位置的专用工具T10340，再拆下用于固定凸轮轴上止点位置的凸轮轴锁T10477。

再次用专用工具T10172/2和T10172将凸轮轴带轮的固定螺栓拧紧至最终的规定拧紧力矩（大于50N·m）。最后安装外围零件。

3）维修中还要考虑各种因素对配气相位的影响，如气门间隙的大小、正时带或正时链条的磨损变长，顶置凸轮轴式发动机在气缸盖下平面磨削后不但会影响压缩比，也会影响配气相位。

4）有一些车的凸轮轴正时齿带轮或正时链轮上有2~3个键槽或定位销槽，并有相应的标记，这有几种可能：一是适应左、右列气缸进、排气凸轮轴正时记号不同的需要，其上通常有英文缩写的字母做标记，如马自达轿车；二是适用于不同国家和地区，配气相位可做3°～4°的微调。装配时不可疏忽大意而装错。

5）对带有凸轮轴位置调整器的可变配气相位系统，在检调正时机构时，凸轮轴位置调整器必须处于延迟位置。

6）很多车型的正时带张紧器为液压自动张紧器，如东风悦达起亚 2.7L 发动机等。

每次安装正时带张紧器之前，都要对其进行检查。用手握住张紧器，将推杆用力抵在地面或墙上，检查推杆是否会缩进去。若轻易就能缩进去，则应将其更换（见图 2-36a）。此外，还需检查其油封部分是否漏油（若只有少量油迹，那是正常的），并测量其凸出部分长度（见图 2-36b）。长度应在标准范围内，若不合规格，则需更换。

正时带张紧器本身张力很大，故在安装过程中要注意技巧，不能强行安装，否则损坏零件事小，严重时可能会造成严重的机械事故。若按以下步骤操作，则安装时将省时省力：

①用压床或台虎钳将正时带张紧器的推杆缓慢压回，直到推杆上的孔与外壳的孔对准。

②将一把 1.5mm 的六角扳手穿进 2 个孔内，固定推杆（见图 2-36c）。

③给张紧器套上防尘罩，将它装到发动机上，最后抽出六角扳手。

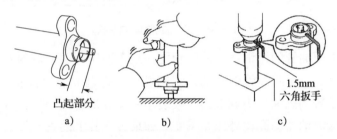

图 2-36　正时带液压自动张紧器的安装技巧

11. 理解燃油子系统的工作，检查汽油泵控制电路

目前，汽油发动机的燃油喷射系统主要是进气道多点燃油喷射系统、汽油缸内直接喷射系统以及同时具备进气歧管多点喷射与缸内直喷的双喷射系统。进气道多点燃油喷射系统按其外面有无回油管可分为有回油管的燃油系统和无回油管的燃油系统，如图 2-37 和图 2-38 所示。目前多采用无回油管的燃油系统。

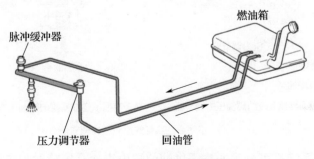

图 2-37　有回油管的燃油系统

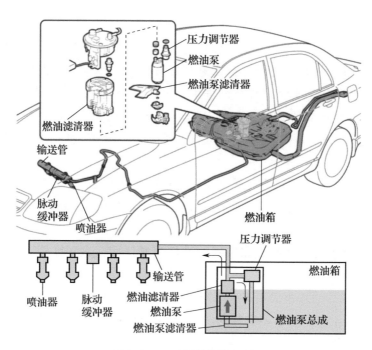

图2-38　无回油管的燃油系统

有回油管与无回油管的燃油系统的区别之一是燃油压力调节器的安装位置、结构不同，如图2-39所示。无回油管的燃油系统的燃油压力调节器通常安装在燃油箱内部，有回油管的燃油系统的燃油压力调节器一般装于燃油分配管的一端，且与真空管和进气歧管相连，它保持喷油器喷孔内外压差不变。如果拔下其上的真空管，发现其内有汽油痕迹，就说明内部膜片有破损，这将导致混合气过浓。

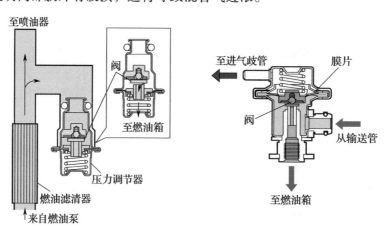

a）无回油燃油系统的燃油压力调节器　　b）有回油燃油系统的燃油压力调节器

图2-39　不同燃油系统的燃油压力调节器

汽油直接喷射系统又可分为非按需供油的缸内汽油直接喷射和按需供油的缸内汽油直接喷射两种，如图2-40、图2-41所示。目前多采用按需供油的缸内汽油直接喷射。

还有一些公司开发了同时具备进气歧管多点喷射与缸内汽油直接喷射的双喷射系统。

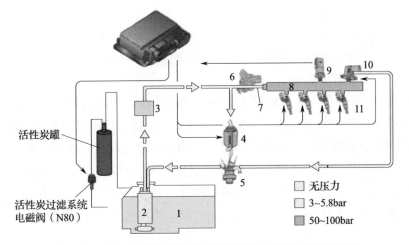

图2-40　大众公司曾使用的非按需供油的缸内汽油直接喷射系统

1—燃油箱　2—电子燃油泵（G6）　3—燃油滤清器　4—热起动燃油增压阀（N290）　5—燃油压力调节器
6—高压燃油泵　7—高压燃油管路　8—燃油分配器　9—燃油压力传感器（G247）
10—燃油压力调节阀（N276）　11—高压喷嘴（N30~N33）

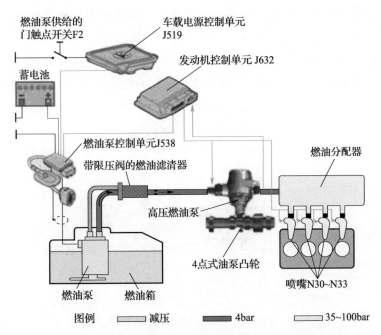

图2-41　大众公司曾使用的按需供油的缸内汽油直接喷射系统

在普通操作状态下，燃油的压力为3bar（1bar=10^5Pa）；在热起动状态下，燃油压力最高为5.8bar。当冷却液温度高于110℃以及进气温度高于50℃时起动发动机，就是热起动。这时，发动机控制单元向热起动燃油增压阀（N290）供电约50s从而使它关闭至燃油压力调节器的通道。结果，低压燃油系统中的压力上升至电子燃油泵的最高输送压力，即内部限压阀的限制压力 5.8bar。压力的增加能避免高压燃油泵的吸入侧形成蒸汽气泡并有利于安全地建立起高压。

按需供油的缸内汽油直接喷射系统中，燃油箱里的电动燃油泵和高压燃油泵在任何时候仅按发动机实际需求供给燃油。因此，燃油泵的电驱动功率和机械驱动功率会保持在最低水平，从而节省了燃油。

图 2-41 所示为大众一些发动机上使用的燃油系统，为调节燃油泵的输送率，来自发动机控制单元的脉冲宽度调制（PWM）信号传递到燃油泵控制单元。存储在发动机控制单元的特征脉谱图确定泵的输送率。泵的输送率也会改变，此为以占空比方式改变燃油泵工作电压的作用之一。该燃油系统维持 4bar 的恒压。当然，也有一些车型的低压燃油系统压力并不恒定，而是根据不同需求在一定范围内（如 2 ~ 6bar 之间）变化。在正常运行状态下，燃油压力介于 2 ~ 5bar 之间。当冷起动或热起动时，根据发动机温度，压力暂时上升至 5 ~ 6bar。

电动燃油泵输送的燃油量始终刚好满足发动机的需要。由于各车型发动机的燃油压力并不相同，因此如果更换发动机控制单元或燃油泵控制单元，则必须进行适配。

某大众 TSI 发动机低压燃油系统油压控制方法如图 2-42 所示，当前燃油压力由低压燃油压力传感器测量并传输给发动机控制单元。如果该压力与规定压力存在偏差，发动机控制单元就会将一个相应的 PWM 信号（频率 20Hz）发送给燃油泵控制单元。这个控制单元再次利用 PWM 信号（频率 20kHz）控制电动燃油泵，直至燃油压力与特性曲线一致。如果油泵控制单元 J538 完全失效，则发动机无法起动，油位显示不正常。

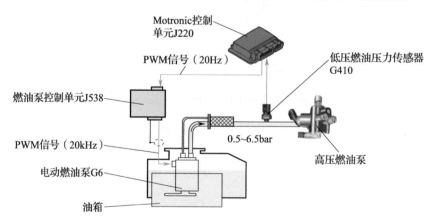

图 2-42　大众 TSI 发动机低压燃油系统油压控制方法

通常高压燃油泵上有一个燃油压力调节阀，在大众车上一般被称为 N276，高压燃油泵是一个流量调节式单缸高压燃油泵。该泵可以根据特性曲线将燃油泵入高压燃油油轨内，使泵入量刚好满足喷射所需要的量，这样便可降低高压燃油泵的驱动功率和耗油量。

新款 1.4L-TSI 增压直喷式汽油机使用了新一代高压燃油泵来产生燃油高压。这种新型燃油泵的特点是能够在不通电状态下输出全供油量（即与 EA111 汽油机系列所使

用的高压燃油泵的控制方式正好相反）以及使用整体式限压阀可以取消高压共轨的
回油。

各种车型的高压燃油泵结构不完全相同，其燃油压力调节阀的工作方式也不相同，详见第五章。

雷克萨斯、大众公司的一些车型同时具备进气歧管多点喷射与缸内汽油直接喷射的双喷射系统的发动机，如大众公司新的第三代 2.0L TSI EA888 发动机，如图 2-43 所示。具有双喷射系统的发动机有两种油气混合方法，其一是使用 TSI 高压喷射系统在气缸内进行直

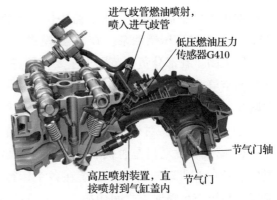

图 2-43　大众公司新的第三代 2.0L TSI EA888 发动机

接喷射；其二是使用进气歧管燃油喷射（SRE）系统。进气歧管燃油喷射会显著减少
细微碳烟颗粒的排放。开发双喷射系统时的其他目标有：将高压燃油系统的压力增至
150~200bar；达到新 EU6 排放标准中有关微粒质量和微粒数量的门限值；减少二氧化
碳废气排放量；减少部分负荷范围下的油耗；具有进气歧管燃油喷射功能；改善发动机
运行声音。

如图 2-44 所示，整个燃油系统分为燃油低压系统与燃油高压系统。

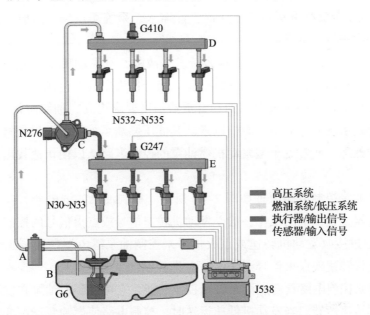

图 2-44　大众公司 EA888 发动机双喷射燃油系统的组成

G6—燃油系统增压泵　G247—燃油压力传感器　G410—低压燃油压力传感器　J538—燃油泵控制单元
N276—燃油压力调节阀　N30~N33—喷油器、气缸 1~4　N532~N535—喷油器 2、气缸 1~4
A—燃油滤清器　B—燃油箱　C—高压燃油泵　D—低压燃油油轨　E—高压燃油油轨

进气歧管燃油喷射系统的燃油进入低压燃油油轨，然后再流到进气歧管燃油喷射喷油器，喷油器将燃油喷入进气歧管中。进气歧管燃油喷射系统有自己的压力传感器（低压燃油压力传感器 G410）用于监控供油系统。供油只通过燃油箱中的燃油系统增压泵 G6，而不通过高压燃油泵。在 SRE 模式下，高压泵通过燃油压力调节阀 N276 进行输油可以关闭。在部分负荷范围下主要使用进气歧管燃油喷射。燃油油滴有充分的时间雾化并与空气混合。在点火前很长时间形成混合气，从而减少微粒质量以及碳烟的形成，并减少二氧化碳排放量、降低油耗。

1）运行模式：对运行时执行模式的调节已在图谱中进行了标准化。图谱中指明了在 SRE 模式中发动机是否被驱动、何时被驱动，以及在高压模式下何时被驱动。根据温度、负荷和发动机转速，系统在各个运行模式（SRE 单喷射、高压单喷射、高压双喷射、高压三重喷射）之间切换。

2）发动机起动：当发动机处于冷态且冷却液温度低于 45℃时，发动机每次起动都会在压缩循环中通过高压喷射系统进行三重直喷。

3）暖机和催化转换器加热：在此阶段，发动机在进气和压缩循环中进行双重直喷。点火点有一定的延迟。进气歧管翻板关闭。

4）发动机在部分负荷范围下运行：如果发动机温度高于 45℃，并且发动机在部分负荷范围中被驱动，则发动机切换到 SRE 模式。进气歧管翻板在大多数情况下保持关闭。

5）发动机在全负荷下运行：基于高性能需求，系统切换到高压模式。发动机在进气和压缩循环中进行双重直喷。

6）紧急运行功能：如果任一喷油系统发生故障，则发动机使用另一系统由发动机控制单元驱动，从而确保车辆仍可继续行驶。组合仪表中的红色发动机指示灯亮起。

缸内直喷汽油机供油系统对燃油和管道清洁度要求更高，油路脏污、堵塞、泄漏、机械磨损等仍是系统故障的主要影响因素。其低压燃油系统的检查仍是检查的重点，为此，我们必须熟悉一些常见车型发动机燃油泵的控制电路，以便快速找出燃油泵不工作的故障。

常见的燃油泵控制电路原理如图 2-45 所示。控制油泵的继电器，在丰田车上通常称为开路继电器，其油泵的工作一般受发动机转速信号或点火信号的控制，当发动机运转时，ECU 通过接收发动机转速或点火信号来控制油泵继电器使油泵工作。当关闭发动机时，发动机转速或点火信号消失，ECU 即控制油泵停止工作。

有的燃油泵控制电路具有燃油泵转速控制功能，它可控制燃油泵在发动机不同工况下以两种不同转速运转。当发动机低速运转时，控制电路使燃油泵速度变慢，从而减少燃油泵的磨损和电能消耗。

如图 2-46 所示，当电流经燃油泵控制继电器的 B 触点和电阻，再流入燃油泵时，燃油泵处于低速运转。

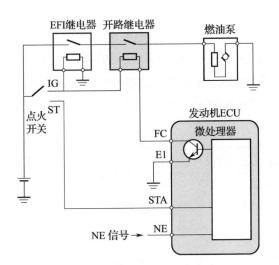

图 2-45　燃油泵控制电路原理

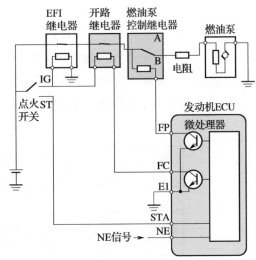

图 2-46　具有燃油泵转速控制功能的燃油泵电路

在发动机起动或高速运转时，发动机 ECU 使燃油泵控制继电器的触点切换到 A 触点，使燃油泵处于高速运转状态。

在某些型号的燃油泵中，燃油泵的速度是通过燃油泵 ECU 控制的，而不是由开路继电器、燃油泵控制继电器和电阻控制的。采用一个专门的燃油泵 ECU 来控制燃油泵的工作，它可控制燃油泵在发动机多种工况下以不同转速运转，如雷克萨斯 LS460 等。

近年来，还有一些车型采用 ECU 直接控制油泵的驱动电压来控制油泵转速的方式，可减小电能消耗和油泵噪声。

有些汽车的燃油泵控制电路还具有燃油泵切断控制功能，当空气囊充气胀开时或车辆发生碰撞或翻车时使燃油泵停止运转，以保证安全。

如图 2-47 所示，燃油泵控制电路就具有空气囊充气胀开时切断燃油泵的控制功能。

当驾驶员空气囊、前排乘客空气囊或座椅侧空气囊充气胀开时，燃油切段控制装置使燃油泵停止运转。

当发动机 ECU 从空气囊中央传感器总成探测到充气信号时，发动机 ECU 便会断开开路继电器，使燃油泵停止运作。

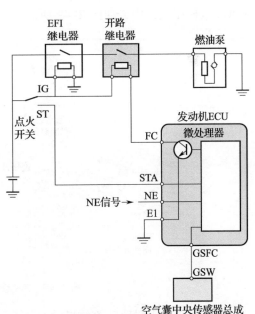

图 2-47　具有燃油泵切断控制功能的燃油泵电路

当燃油断开控制开始运转时，也可通过关闭点火开关而取消，使燃油泵重新开始运转。

图 2-48 所示为丰田汉兰达 1AR-FE 发动机的燃油泵控制电路原理。在该系统中，中央气囊传感器与发动机控制模块（ECM）之间采用 CAN 通信方式，ECM 检测到来自气囊传感器的气囊展开信号，并关闭电路断路继电器。激活燃油切断控制后，将点火开关从 OFF 切换至 ON 可取消燃油切断控制，并可重新起动发动机。

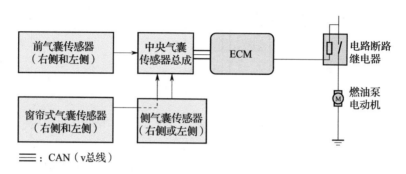

图 2-48　丰田汉兰达 1AR-FE 发动机的燃油泵控制电路原理

一些车型的燃油泵电路中有一个惯性开关，如福特福克斯、中华、菲亚特等车型。惯性开关通常与燃油泵继电器的电磁线圈控制电路串联，是一个常闭开关，当然它的电源由点火开关 ON 档提供，当汽车碰撞、翻车或高速驶过凹凸很大的路面时，此安全惯性开关会断开，燃油泵停止工作；也有的惯性开关接在燃油泵 ECU 的"柔性电路板（FPC）"控制线路中，如图 2-49 所示。

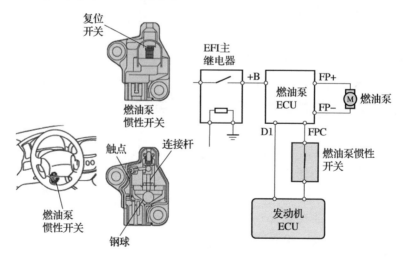

图 2-49　带有惯性开关的燃油泵电路

若想重新接通惯性开关使燃油泵恢复运转，必须按下开关顶上的复位按钮。惯性开关的工作原理如图 2-50 所示。如果汽车发生碰撞，则钢球脱离连接杆，使开关的触点断开。这样一来，燃油泵电路即被切断，燃油泵停止供油。

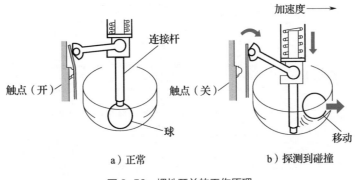

图 2-50　惯性开关的工作原理

12. 气缸压力为零故障分析

有时还可能碰到车况尚好的车辆前一天还在高速行驶，第二天气缸压力却变为零的情况，应为气门积炭造成，这主要是加用了不合格的汽油导致，因为汽油中含胶质太多，在进气时，胶质将粘附在进气门头部、暴露在进气道中的气门杆部及气门头部与杆部的过渡部位。同时排气时对排气门也会产生积炭，只是由于排气门温度高，胶质将少得多。这些积炭、胶质在发动机停止、工作温度降低后变硬，使气门在气门导管中卡滞，不能完全回位。事实上，现在的发动机多为多气门发动机，气门弹簧弹力通常设计得较小，只要稍有点卡滞，就会导致气门不回位，而只要稍有点不回位便可使气缸压力降低很多，甚至为零，这就会导致由于缸压太低或为零而不能起动。要知道哪些气门卡滞，可先检查气门间隙。如气缸压力为零的气缸，其气门间隙过大、在压缩行程时其气门杆尾端较其他缸低，就说明气门卡滞。若未发现气门卡滞现象，则需进一步检查，必要时拆检发动机，检查是否有活塞气环严重磨损、失去弹力、油环积炭卡滞等情况。

13. 从数据流分析判断火花塞淹死的方法

怀疑火花塞淹死导致发动机不能起动，须拆检火花塞，且通常是在进行了很多检查项目之后再进行。有什么方法能迅速判断火花塞淹死故障呢？

对于新型的丰田汽车，实际上，从丰田专用诊断仪的数据流中可以快速判断火花塞淹死故障。我们调出所有数据，其中有 CatalystTemp（B1S1）与 CatalystTemp（B1S2）两项，即 ECU 推算的三元催化器中催化剂的温度，当这两项显示为 $-40.0℃$ 时，就说明已导致火花塞淹死。正常情况下，冷车起动前应与环境温度大致相同。图 2-51 所示为卡罗拉轿车出现火花塞淹死发动机不能起动时读到的数据。一般我们在目视检查后就会连接诊断仪读取故障码和数据流，这样就能发现故障，从而节省检查判断的时间，提高效率。

	−40.0	−40.0
	0.00	5.0
	31	15.6
	32.1	0.7
	1.5	0.9
	2.5	16.4

图 2-51　从数据流分析判断火花塞淹死的方法

14. 汽油发动机不能起动的故障诊断口诀

（1）发动机不能带动曲轴正常转动

汽油机，起不动：

看仪表，听声音，打马达，无反应，起动系，找故障。

听声音，有吸合，转不动，分三种：或缺电；或电机；或机械，已卡死。

起动机，转动慢，或不转，疑缺电：开大灯、按喇叭，灯光暗、喇叭弱，蓄电池、接线柱，过江龙，来搭电。

电足够，转不动：用工具，转曲轴，转不动，是机械，已卡死，或抱轴、或干涉，找原因，正反转，仔细判；转曲轴，正常动，需拆检，起动机。

起动机，转动轻，无压缩、太轻快，正时带，是否断，摇曲轴，观凸轮，不转动、皮带断，看气门，间隙值，大大超，不回位，气门弯。

起动机，打滑转，单向齿，啮合器，或齿圈、齿已坏。

汽油发动机不能
起动诊断口诀一

汽油发动机不能起动
诊断口诀一的应用

解释如下：

如果汽油发动机起动不了，则：

1）先观察看仪表指示灯是否通电、在起动的同时听起动机运转的声音，若起动机无反应，则说明故障在起动系。

2）如果听到起动机电磁开关有吸合的声音，但起动机不能正常转动，则主要有三种情况：蓄电池电量不足；起动机的电动机损坏；发动机机械部分可能已卡死。

3）如果起动机转动很慢，或者不能转动，怀疑是缺电导致的话，则打开前照灯、按喇叭试试，如果灯光暗、喇叭声弱，则说明蓄电池电量不足或蓄电池接线柱不良，可使用蓄电池电源电缆（过江龙）来进行搭电操作，从而起动发动机。

4）如果打开前照灯、按喇叭，电量足够而起动机转不动曲轴，则人工使用扳手工具，盘转曲轴。若转不动曲轴，则是机械卡死故障，可能是已烧瓦抱轴（指发动机曲轴轴颈与大小瓦之间相互烧结、熔化、粘连、咬死，致使发动机无法转动）、或者是因为运动干涉，查找原因时，先正向、反向旋转曲轴，若正向转不动而反向能转动一定角度，则说明应是运动干涉，若配气正时不正确导致气门与活塞碰撞，或缺内有异物导致，则应仔细判别；如果人工转动曲轴，曲轴能正常转动，则说明故障应在起动机本身，需要拆检起动机。

5）如果起动机带动曲轴旋转时过于轻快，无压缩阻力，则应检查正时带是否断裂，可转动曲轴的同时观察凸轮轴，此时凸轮轴不转动，说明正时带已断裂。此时可进一步观察气门间隙，如果气门间隙值已大大超出范围，则说明气门不能回位，应是正时带断裂导致活塞将气门顶弯。

6）如果起动时起动机并不是带动曲轴旋转而是打滑空转，则说明单向啮合器齿已打滑，或者齿圈的部分齿已损坏坏。

（2）发动机不能起动且无起动征兆

汽油机，起不动，起动时，无征兆：

看仪表，故障灯，灯不亮，查电脑，主电源。

转速表，表不动，无转速，传感器，点火系。

安全灯，在闪烁，是防盗，未解除——诊断仪，故障码，查电路，配钥匙。

汽油发动机不能
起动诊断口诀二

开点火，听油泵，无声音，查油路——缓冲器，应鼓凸，拆油管，小心看；燃油泵，测电阻，正常值，几欧姆；查电路，用试灯，万用表，测电压，电压值，十二伏。

故障码，数据流，边起动，边查看，显错处，先检查。

若无码，数正常，试高压，先跳火。高压火，有或无，无跳火，查点火。

有跳火，查喷油，双向灯，要闪烁。

有跳火，有喷油，有油压，则检查，点火角、火花塞。

点火角，正时枪，差不多，十来度。

排气管，汽油味，火花塞，已溺死，需拆检，应吹干。

测缸压，缸压表，十几个，大气压。

少装塞，试起动，能起动，排气堵。

汽油发动机不能起动
诊断口诀二的应用

解释如下：

如果汽油发动机不能起动，或起动时毫无起动征兆（无初始燃烧），则：

1）目视检查仪表指示情况：如果故障灯不亮，则检查 ECU 的主电源供应，主要是熔丝、主继电器相关电源电路。

2）如果转速表指针完全不摆动，则说明无转速信号，可能是曲轴位置传感器不良、点火系故障。

3）如果安全指示灯闪烁，则应是防盗系统（发动机停机系统）作

汽油发动机不能
起动诊断示例

用未解除——可使用诊断仪读取防盗系统（发动机停机系统）故障码，按故障码提示查找电路故障或重新匹配钥匙。

4）打开点火开关瞬间，倾耳听燃油泵运转时发出的"嗡嗡"声，如无声音，则可能需要检查油路——怎么检查呢？首先观察缓冲器，其中部的螺钉应向外鼓凸，如无鼓凸或无缓冲器，则小心拆松油管，观察是否有油流出；如无油，则检查燃油泵，用万用表测电阻，正常的燃油泵电阻值应是几欧姆；如需检查电路，则可用试灯和万用表，到燃油泵处的电压值应为12V，试灯应亮，否则为燃油泵电路故障。

5）读取故障码、数据流，按故障码、数据流的提示查找故障原因。在起动的同时查看数据流，数据明显出错的地方，应先检查。

6）如果无故障码，数据流也基本正常，就检查有无点火高压，进行跳火试验。如无高压跳火，则检查点火系统。

7）如有高压跳火，则检查喷油信号，拔下喷油器插接器，使用双向发光二极管灯代替喷油器连接在喷油器的线束插头上，起动时双向发光二极管灯应要闪烁。否则检查喷油器控制线路、ECU等。如果试灯不闪亮则说明喷油控制系统或控制线路有故障。

8）经上述检查，如有跳火、有喷油、有燃油压力，则需检查点火提前角以及火花塞。

9）检查点火提前角，即检查点火正时，需用点火正时枪，点火提前角应为10°左右。不正常则进行相应检查和调整。

10）如此时排气管尾管出口处能嗅到汽油味，则说明火花塞可能已溺死，需拆检，粗略判断混合气过浓或过稀等。如已溺死，则应用压缩空气吹干。

11）检查气缸压力，应使用缸压表，正常的气缸压力应为十几个大气压，即1MPa以上。

12）如怀疑排气管堵塞，则可先拆下某一缸或两个缸火花塞（少装塞），同时将这一缸或这两缸的喷油器插头拔下，不让其喷油，再起动发动机。如能起动，则说明排气管堵塞。

（3）有起动征兆但发动机不能起动

汽油机，起不动，起动时，有征兆：

混合气，不合适；有点火，不正时；多数缸，不工作。高压线，不可错；真空管，莫接错。

汽油发动机不能
起动诊断口诀三

故障码，数据流。喷油量，够不够；点火角，正时枪；流量计，油压低；冷却液，信号错。

进气漏，排气堵；排气管，汽油味，火花塞，已溺死，需拆检，应吹干。

个别缸，火花塞，不安装，试起动，能起动，排气堵。起动了，又熄火：有点火；未反馈；疑防盗，未解除。

点火档，流量计；踩油门，起动好，松油门，即熄火，无怠速，应检查。

解释如下：

汽油发动机不能起动但有起动征兆（有初始燃烧现象）时：

1）有起动征兆而不能起动，根本原因主要有3个方面：混合气浓度不正确，过稀或过浓；点火正时不正确；多数缸工作不良。一般先目视检查，点火系统有高压线的，应不可插错；各控制系统的真空管，不能接错。

2）目视检查后进行故障码、数据流的读取，按提示查找故障原因。主要观察喷油量信号；用点火正时枪检查点火提前角是否正确；空气流量计的信号是否正常，燃油压力是否过低；冷却液温度信号是否正确等。

3）检查进气系统是否泄漏，检查排气管是否堵塞。如果排气管尾管出口处能嗅到汽油味，则说明火花塞可能已溺死，需拆检。如果火花塞确已溺死，则应用压缩空气吹干。

4）先拆下某一缸或两缸的火花塞不安装，同时将这一缸或这两缸的喷油器插头拔下，不让其喷油，再起动发动机，如果能起动，则说明排气管堵塞。

5）如果是发动机起动后很快又熄火，对丰田车系来说，则可能是有点火信号但无点火反馈信号；或防盗系统（发动机停机系统）已触发。

6）点火开关不良导致不能很好地从起动档切换至点火档；空气流量计信号不良；如果踩下加速踏板再起动发动机，能起动发动机，但一松开加速踏板，发动机随即熄火，则说明是无怠速故障，应按无怠速检查。

第三章

发动机怠速不稳故障的诊断与排除

一、怠速不稳故障的诊断

怠速不稳是电控汽油喷射式发动机最常见的故障之一。造成怠速不稳的原因很多，通常是由几种原因综合引起的。此故障牵涉面很广，有时一下子就排除了，有时排查很久还不能完全排除。在故障诊断与排除过程中，要根据故障的具体表现来分析故障原因。下面介绍几种不同形式的怠速不稳的故障诊断与排除方法。

1. 故障现象

发动机怠速转速不稳定或上下波动，怠速转速过低，发动机抖动、易熄火等。

2. 故障原因

1）进气系统或真空系统中有漏气。

2）怠速调整过低或未进行正确的调整、设定。

3）怠速控制阀或电子节气门及其控制电路有故障。

4）喷油器雾化不良或堵塞。

5）空气流量计有故障。

6）冷却液温度传感器信号不正确。

7）空燃比传感器或氧传感器失效，反馈控制电路有故障。

8）EGR 阀卡住常开，不能关闭。

9）火花塞或高压线不良等点火系统故障导致的缺火故障。

10）点火正时失准。

11）ECU 搭铁不良。

12）个别缸气缸压缩压力过低，气门摇臂轴承磨损过甚或摇臂脱落等导致的气缸工作不良。

13）可变配气机构故障。

14）旋转件如飞轮等动不平衡。

15）平衡轴装配错误。

16）发动机支架损坏。

3. 故障诊断与排除的一般步骤

1）验证故障现象：详细记下怠速运转情况，稍踩加速踏板，再比较一下发动机运转情况。

2）目视检查：线束接头、真空管有无松动、脱落等。

3）读取故障码、数据流，按故障码、数据流提示分析查找故障原因。

4）基本检查：空气滤清器是否过脏、真空是否泄漏、真空管是否插错等。

5）检查有无缺缸。

6）检查怠速电动机、节气门体是否过脏，怠速控制阀或节气门电动机工作情况等。

7）进行初始怠速基本设定等。

8）检查点火正时。

9）检查节气门位置传感器、空气流量计、各开关信号等。

10）检查排气再循环系统。

11）检查氧传感器信号，结合尾气分析，判断混合气的浓稀等。

12）检查活性炭罐电磁阀等。

13）检查喷油器（泄漏、脏堵和平衡情况）。

14）检查气缸压力、气门间隙、配气正时等。

15）检查平衡轴装配与发动机支架状态。

各个步骤视车型不同可做相应的变动。

二、　怠速不稳故障诊断、排除的相关要点

1. 深刻理解电控发动机怠速控制原理

在搭载了电控发动机的现代汽车上，发动机 ECU 能够对发动机的各种工况进行精确控制。发动机怠速工况的控制一般可分为基本怠速设置、目标怠速调节及附件工作怠速调整。下面分别对这三种控制进行说明。

（1）基本怠速设置

发动机的基本怠速设置主要是由发动机节气门的初始开度决定的，即进入进气歧管内的总空气量由节气门初始怠速开度决定。这个开度值是发动机在设计时计算出来的，也是保证发动机实现正常怠速的前提。但随着车辆的使用，发动机节气门处会出

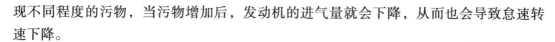

现不同程度的污物，当污物增加后，发动机的进气量就会下降，从而也会导致怠速转速下降。

（2）目标怠速调节

发动机的目标怠速调节功能是通过发动机 ECU 的控制实现的。发动机 ECU 通过对怠速控制阀开度的大小进行调节（有些车型直接调节节气门开度），达到目标怠速转速。当节气门开度变小或节气门处的污物增加时，实际进入进气歧管内的总空气量变小，将导致 ECU 内设定的转速值高于实际转速。此时 ECU 将控制怠速阀开启，以补充空气量，使怠速升高至发动机 ECU 设定的目标转速。当实际转速高于目标转速值时，ECU 又会通过怠速阀开度的减小，降低发动机的实际转速，从而达到目标转速。

（3）附件工作怠速调整

当发动机怠速工况被增加负荷时，如打开空调、发动机充电、挂档滑行等，发动机 ECU 将通过调节怠速控制阀的开度，以适应怠速负荷的变化，防止发动机熄火。

2. 怠速不稳、发抖的常见原因——缺火

（1）查找缺火气缸的方法

恒定的气缸缺火是很容易查找的，这就是所谓的"排气突突引擎抖，缸不工作是常有"。传统的断火试验就可帮助我们找出不工作的气缸，在无分电器双缸同时点火的点火系中，为做到安全断火，点火线圈高压插孔露在外面的，可事先（发动机熄火状态下）用回形针或类似金属丝别在点火线圈高压线插孔上，再插上高压线，回形针有一部分露出在外，用一条导线一端搭铁，一端去靠近回形针露出部分，以检查气缸的工作情况。对于各缸独立点火的无分电器点火系统，可断开点火线圈低压插头来检查，也可断开各缸喷油器插头来检查气缸的工作情况。在断缸试验的瞬间，发动机转速应下降，各缸引起的转速降应大体相同。如果断开某缸，转速下降明显低于其他缸，则这个缸工作不良。

值得注意的是，在断火或断油试验时，通常发动机处于怠速状态，当发动机转速下降时，怠速控制系统会立即使怠速控制阀动作，转速恢复到目标怠速值。试验时应注意断火时间尽可能短，以免使三元催化转换器过热，而且现在大多数发动机都具有缺火监测器功能，发现缺火过度，会断开该缸的喷油器电路，此时即使重新恢复该缸点火，这个气缸也不能工作了，因为这个缸的喷油器已不再喷油了。基于这种情况，最好采用专用诊断仪的执行器动态测试功能来做试验，由维修人员操作发出断开某缸喷油器的指令，观察单缸转速降，从而检查各缸工作情况。

除了使用上述断火或断油的方法查找工作不良的缸之外，还可以用红外线测温仪在发动机刚发动后不久时测量各缸排气歧管的温度差异。

现在的诊断仪一般都具备"主动测试"功能，可以对包括继电器、真空开关阀

（VSV）和执行器在内的组件进行测试，而无需拆除任何部件。其中就包括对每个气缸进行燃油切断的功能，在主动测试时，通常还可显示数据表。例如，在丰田的专用诊断仪上选择"Active Test（主动测试）"功能下的菜单项目"Control the Cylinder #1 Fuel Cut"便可控制 1 号气缸燃油切断；选择"Control the Cylinder #2 Fuel Cut""Control the Cylinder #3 Fuel Cut""Control the Cylinder #4 Fuel Cut"便可分别控制 2 号、3 号、4 号气缸燃油切断，这样便可很方便地进行断缸试验。

（2）自诊断系统对气缸失火的监控

在不同车系中，对点火系工作情况的监控方式也不同。例如，第二章提到的丰田车系电控点火系中采用"IGF"信号来监控点火系的工作情况，它对点火次级电路故障（如火花塞）造成的不点火是不能监测的。

OBD-Ⅱ诊断系统能够对发动机失火（MISFIRE）进行连续、精确的监控，这主要是由发动机 ECU 的失火监控器（MISFIRE MONITOR）来完成的。

工作较差的气缸燃烧时会导致发动机失火。气缸的压缩比不够，油量控制不精确，又或者是火花强度不够，都会导致排气管中的碳化氢（HC）含量上升。一般 HC 的增加会使催化剂的工作负荷过度，当催化转化器把这些过多的碳氢化合物转化成二氧化碳和水时，催化转化器就会过热，催化转化器中的蜂窝状陶瓷块可能熔为一团实心物质。假如发生这种情况，催化转化器减少排放物的效率将变得很低，从而加速催化剂失效的过程，缩短其寿命。因此，OBD-Ⅱ诊断系统必须能够监控和提示车主发动机出现失火时潜在的对催化剂的破坏或引起发动机排放超标的情况。

监测气缸缺火要求测量出每个气缸对发动机功率的贡献。气缸在失火时会导致燃烧压力下降，从而使活塞的运动速度减慢，发动机的转速也会降低，因此，曲轴位置传感器可以用来侦测发动机失火，动力系统控制模块（PCM）可以监测每次气缸发火时的曲轴加速时间。如果某个气缸提供正常的功率，就有一个规定的曲轴加速时间，气缸缺火时就不会给发动机提供动力，与该气缸对应的曲轴加速度将下降。在正常情况下，曲轴位置（CKP）传感器产生的信号波形都是较为均匀的，当发动机出现失火时，曲轴转速会忽然下降，因此，CKP 传感器的信号就会出现不均匀的波形，通过对比 CKP 传感器与凸轮轴位置（CMP）传感器的信号，ECU 就能够判断出哪一个气缸在失火。

失火就是在动力冲程过程中气缸内没有燃烧。当发生失火时，原燃油、未燃烧的燃油和剩余氧气将进入排放的尾气中。有两种情况发生会反向影响尾气排放。首先，尾气中未燃烧的燃油（碳氢化合物）可以继续在催化转化器中燃烧，这样能提高催化转化器的温度并增大排气管 HC 排放量。其次，氧传感器检测到氧含量水平增加并且 PCM 错误地假定这是由于燃油混合物较稀引起的；PCM 将增大燃油喷射器脉冲宽度使得更多的燃油进入尾气中。长时间的失火，会引起催化转化器过热，并会导致永久性故障损坏。

OBD-Ⅱ规范要求车辆诊断系统监视发动机失火情况，并确定是哪个气缸出现失火现象。如果有多个气缸出现失火，则会保存一个单独的 DTC。当多个气缸失火时，可以选择识别特定的失火气缸。

虽然发动机出现失火不能直接检测到，但是可以通过监视曲轴加速度来间接检测发动机是否出现失火。在 8 缸发动机中，出现一次动力冲程，曲轴每旋转 90° 都受到一次动力冲程的冲击。在两次动力冲程之间，曲轴滑行并且速度减慢。当气缸失火时，曲轴的旋转速度明显比正常情况下慢。监视 CKP 传感器信号可以检测此偏差的出现。

在 OBD-Ⅱ 系统中，缺火被分为两大类型，即甲类缺火（A 类缺火）和乙类缺火（B 类缺火）。

1）甲类缺火：监测器检查的是发动机在 200 个曲轴循环期间的缺火情况。如果缸内缺火率在 2% ~20% 之间，监测器便认为缺火过度。在这种情况下，PCM 会切断供给缺火气缸的燃油，以限制催化转化器的发热。（PCM 可能同时关闭两个缺火气缸的喷油器）。不过，当发动机大负荷运行时，PCM 将不关闭缺火气缸的喷油器。超过 15% 的气缸失火率会使 ECU 设置故障码，关闭喷油器。

如果缺火监测器检测出一个甲类缸内缺火，而 PCM 未关闭喷油器，故障指示灯（MIL）就开始闪光。当缺火监测器检测出一个甲类缸内缺火而 PCM 已关闭喷油器时，MIL 将连续发光。

2）乙类缺火：监测器检查的是气缸在 1000 个曲轴循环期间的缺火情况。如果气缸缺火率在 2% ~3% 之间，监测器便认为缺火过度。这种程度的气缸缺火不会引起催化转化器过热，但会引起排放过多。当检测出一个乙类缺火时，一个未定 DTC 被置入 PCM 的存储器中。若在连续第二个行驶循环中检测到这个故障，MIL 就会点亮。

关于故障指示灯的状态，各车型是有所不同的，应以原厂资料为准。

缺火监测器可以连续不断地对曲轴传感器信号的波动进行监控，如果缺火现象比较稳定，PCM 就用凸轮传感器来确认发生故障的气缸。要注意单个气缸缺火的 DTC，比如 P0304，表明 4 号气缸有故障，而不是按点火顺序的第 4 个气缸。如果缺火现象不太稳定或在多缸上均有发生，则 DTC 为 P0300。

PCM 确认缺火所采用的算法十分精确，这样从曲轴传感器获得的信号就必须十分完整，以利于监控器工作。另外，还必须考虑到由于制造公差所引起的各个发动机间彼此的差异，PCM 感知这些差异后便能对曲轴传感器产生的信号进行校正，从而减少了这些差异带来的影响。校正系数是在发动机运转但不处于燃烧状态期间进行计算的。选择的最佳时机应是从一个相当高的转速往下降的时候，因为这时 PCM 关掉了喷油器。例如刚刚更换了一个曲轴位置传感器，就需要进行这一校正程序。

除了用诊断仪读取缺火的故障码，还应读取有关缺火的数据，以便迅速缩小故障范围，如数据流项目中的 "Cylinder #1 Misfire Rate" 即表示 1 号气缸缺火率。相应的 "Cylinder #2 Misfire Rat" "Cylinder #3 Misfire Rate" "Cylinder #4 Misfire Rate" 就分别表示 2 号、3 号、4 号气缸缺火率。

（3）缺火诊断故障码的检查技巧

如果遇到一个具体的缺火诊断故障码，就应该这样考虑：那些对所有气缸都有影响的缺火条件都应归入"不太可能"一类，然后将精力集中到那些只影响个别气缸的因素上，这个气缸可能就是故障所在。

但是，有些因素应该加以考虑。比如，已做完一个气缸的平衡测试以寻找偏差时，由于检测信号较弱的气缸与相邻的一个气缸之间容易产生干扰，有时就很可能受到蒙蔽。PCM 也有同样的麻烦，如果对气缸的测试所设置的 DTC 反映不了任何问题，就应检测具有相同曲柄行程的气缸。而一个采用起动机牵引的压缩比测试也许正是解决这类问题的捷径。

如果一个或几个气缸的气缸压力读数低于规定的压缩压力，则可能是气门或活塞环已磨损。当个别缸气缸压力数值在第一个压缩行程时显示较低，而在其后的 3 个压缩行程有提高但仍低于规定的压缩压力时，可能是活塞环已磨损。如果个别缸在第一个压缩行程读数低，在以后的 3 个压缩行程增加很小，则可能是气门有泄漏。当 2 个相邻气缸的压缩压力读数比规定值低时，可能是 2 缸之间的气缸垫有泄漏。

喷油器的电子检测用一个示波器和一个电流探针就可以进行。不过，要评价喷油器的供油能力并不那么简单，需要进行离车试验。

整个点火系统都可以用示波器和电流探针进行检测，许多手持式示波器和图像计量仪对次级点火线圈的检测也大有帮助，用发动机综合分析仪当然更好。

⚠ **注意**：曲轴位置传感器受到电磁干扰也会导致发动机缺火。

若故障表现为多缸缺火现象，就应将注意力转移到那些能影响所有或者多个气缸的因素上。举个例子，不妨假设排气再循环阀存在泄漏，首先应查看冻结帧（发动机第一次出现故障的数据帧），看看泄漏是发生在怠速状态下还是低转速状态下。要想一想燃油的压力和流量是否太低？然后再次查看冻结帧，以确定泄漏是发生在高载荷还是高转速工况。

3. 真空泄漏的检查

最直观的检查方法是使发动机处于怠速状态下，在进气歧管附近被怀疑漏气的地方喷化油器清洗剂，观察发动机转速有无变化。如果转速改变，则说明存在漏气，应进一步检查。也可用真空表进行检查，但需要有足够的经验。现代轿车发动机怠速时真空度较大（宝马公司采用 VALVETRONIC 系统的发动机除外），一般为 65～70kPa。当一根小真空管漏气时，其真空度下降大约 5kPa，这还要视进气量的检测方式不同而不一样。因为若采用进气歧管绝对压力传感器的速度密度型燃油喷射系统，当真空轻微泄漏时，怠速转速会升高或轻微游车；怠速转速升高后，真空度在下降的同时又得到一些弥补，故下降幅度不大；而大多数采用空气流量计检测进气量的发动机一般会出现转速偏低而不稳，故真空度下降略大一点。当一个缸不工作时，真空度一般会比平均值低 5 ~ 7kPa；当一缸气门漏气时，真空度一般会比平均值低 10 ~ 15kPa。挂档时，怠速控制阀动作瞬间，真空度先降几千帕再回升是正常的。

进气歧管真空泄漏只是发动机进气歧管真空度降低的众多原因中的一个，实践中还需要仔细区分。

真空管的漏气最好用带真空表的真空枪进行检查。方法是：拔下进气歧管侧的真空管接头，用真空枪对真空软管侧施加真空，注意观察真空是否能保持，如不能保持，则可分段弯折、堵塞，再用真空枪试验检查。此方法对真空管较长的地方很有效，能诊断真空管路是否存在细微的泄漏。实践中真空管路漏气的检查不可凭感觉进行，灵活应用真空枪可以用数据十分肯定地确诊真空管路的漏气问题，切不可怕麻烦而妄下结论。

当出现真空泄漏时，所有的真空管、进气歧管垫、进气歧管本身、喷油器安装处的密封胶圈等都应是检查的对象。

4. 数据流分析

使用诊断仪读取数据列表，可以读取开关、传感器、执行器及其他项的数值或状态，而无须拆下任何零件。这种非解体式检查非常有用，因为其可在拆动零件或配线之前发现间歇性故障或信号。在故障排除时，尽早读取数据表信息是节省诊断时间的方法之一。

使用丰田智能测试仪测试的丰田凯美瑞 2AZ-FE 发动机控制系统数据见表 3-1。

例如，某别克凯越出现怠速不稳、发动机抖动、易熄火且有时起动困难的故障，发动机怠速时，用诊断仪读到如图 3-1 所示的数据，从这些数据里就很容易看出 EGR 位置传感器显示的数据不正常。

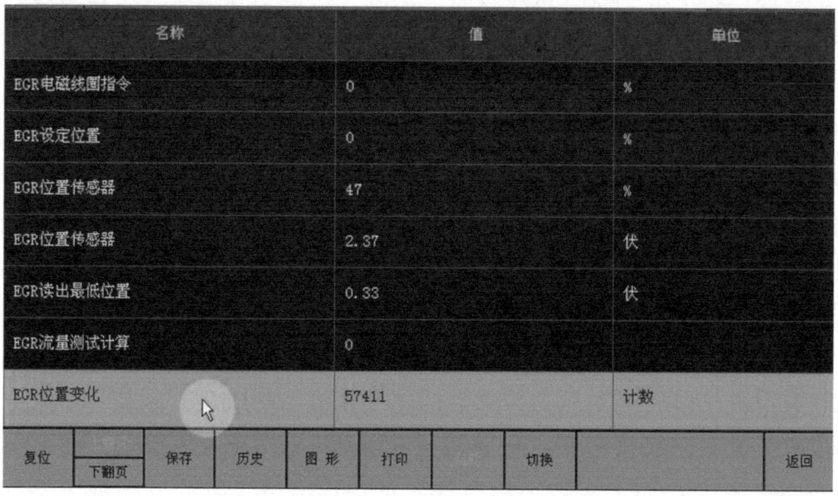

名称	值	单位
EGR电磁线圈指令	0	%
EGR设定位置	0	%
EGR位置传感器	47	%
EGR位置传感器	2.37	伏
EGR读出最低位置	0.33	伏
EGR流量测试计算	0	
EGR位置变化	57411	计数

图 3-1　某别克凯越怠速不稳故障排除前的数据

表 3-1　丰田凯美瑞 2AZ-FE 发动机控制系统数据

智能测试仪显示	测量项目 / 范围	正常条件	诊断附注
Injector （喷油器）	1 号气缸的喷射时间 最短：0ms；最长：2.64ms	1.92~3.37ms：怠速	—
IGN Advance （点火提前）	1 号气缸点火提前角 最小：-64°；最大：63.5°	BTDC 5~15°：怠速	—
Calculate Load （计算出的负载）	ECM 计算的负载 最小：0%；最大：100%	3.3%~26.7%：怠速 12%~14.7%：无负荷时以 2500 r/min 的转速运转	—
Vehicle Load （车辆负荷）	车辆负荷 最小：0%；最大：5700%	实际车辆负荷	负荷百分比（最大进气量）
MAF （空气流量计）	用空气流量计测定的空气流量 最小：0g/s；最大：655.35g/s	0.58~4.67g/s：怠速 3.33~9.17g/s：无负荷时以 2500r/min 的转速运转	如果约为 0.0g/s，则空气流量计电源电路存在开路；VG 电路中存在开路或短路 如果为 160.0g/s 或更大，则 E2G 电路存在开路
Engine Speed （发动机转速）	发动机转速 最小：0r/min；最大：16383.75r/min	610~710r/min：怠速	—
Vehicle Speed （车速）	车速 最小：0km/h；最大：255km/h	实际车速表显示的车速	—
Coolant Temp （冷却液温度）	发动机冷却液温度 最小：-40℃；最大：140℃	80~100℃（176~212℉）：暖机后	如果为 -40℃（-40℉）或更低，则传感器电路存在开路 如果为 140℃（284℉）或更高，则感器电路存在短路
Intake Air （进气）	进气温度 最小：-40℃；最大：140℃	相当于环境空气温度	如果为 -40℃（-40℉）或更低，则传感器电路存在开路 如果为 140℃（284℉）或更高，则传感器电路存在短路

（续）

智能测试仪显示	测量项目／范围	正常条件	诊断附注
Air-Fuel Ratio（空燃比）	与理论值相比的空燃比 最小：0；最大：1.999	0.8-1.2：怠速	小于 1（0～0.999）＝过浓 理论空燃比＝1 大于 1（1.001～1.999）＝过稀
Purge Density Learn Value（净化浓度习得值）	净化浓度习得值 最小：-50；最大：350	-40～10：怠速	—
Purge Flow（净化流）	蒸发净化流和进气量的比率 最小：0%；最大：102.4%	0%～10%：怠速	—
EVAP（Purge）VSV（EVAP 净化 VSV）	净化 VSV 控制占空比 最小：0%；最大：100%	10%～50%：怠速请求 ECM 发出信号	—
Knock Correct Learn Value（爆燃纠正习得值）	爆燃反馈值 最小：-64° CA；最大：1984° CA	0°～20° CA： 行驶速度 70km/h	维修数据
Knock Feedback Value（爆燃反馈值）	爆燃反馈值 最小：-64° CA；最大：1984° CA	-20°～0° CA： 行驶速度 70km/h	维修数据
Accelerator Position No.1（1 号加速器位置）	1 号绝对加速踏板位置（APP） 最小：0%；最大：100%	10%～22%：松开加速踏板 52%～90%：完全踩下加速踏板	点火开关 ON（IG）（发动机不起动）时读取数值
Accelerator Position No.2（2 号加速器位置）	2 号绝对加速踏板位置（APP） 最小：0%；最大：100%	24%～40%：松开加速踏板 68%～100%：完全踩下加速踏板	点火开关 ON（IG）（发动机不起动）时读取数值
Accelerator Position No.1（1 号加速器位置）	1 号 APP 传感器电压 最小：0V；最大：5V	0.5～1.1V：松开加速踏板 2.5～4.5V：完全踩下加速踏板	点火开关 ON（IG）（发动机不起动）时读取数值
Accelerator Position No.2（2 号加速器位置）	2 号 APP 传感器电压 最小：0；最大：5V	1.2～2.0V：松开加速踏板 3.4～5.0V：完全踩下加速踏板	点火开关 ON（IG）（发动机不起动）时读取数值
Accelerator Idle Position（加速踏板怠速位置）	加速踏板位置传感器是否检测到怠速状态 ON 或 OFF	ON：怠速	—
Throttle Fully Close Learn（节气门全关习得值）	节气门全关（习得值） 最小：0V；最大：5V	0.4～0.8V	—

项目	数值	状态	备注
Accel Fully Close #1 (AD) [1号加速器全关 (AD)]	1号APP传感器电压 (AD) 最小: 0V; 最大: 4.9804V	—	ETCS 维修数据
Accel Fully Close Learn #1 (1号加速器全关习得值)	1号加速器完全关闭习得值 最小: 0°; 最大:124.512°	—	ETCS 维修数据
Accel Fully Close Learn #2 (1号加速器全关习得值)	2号加速器完全关闭习得值 最小: 0°; 最大:124.512°	—	ETCS 维修数据
Fail Safe Drive (失效驱动)	是否执行失效保护功能 ON 或 OFF	ON: 电子节气门控制系统 (ETCS) 失效	—
Fail Safe Drive (MainCPU) (主CPU失效驱动)	是否执行失效保护功能 ON 或 OFF	ON: ETCS 已经失效	—
ST1	制动踏板信号 ON 或 OFF	ON: 踩下制动踏板	—
System Guard (系统保护)	系统保护 ON 或 OFF	—	ETCS 维修数据
Open Side Malfunction (开启一侧故障)	打开一侧故障: ON 或 OFF	—	ETCS 维修数据
Throttle Position (节气门位置)	节气门位置传感器 最小: 0%; 最大: 100%	10%~22%: 节气门全关 66%~98%: 节气门全开	根据 VTA1 计算的数值 点火开关 ON (IG) (发动机不起动) 时读取数值
Throttle Idle Position (节气门怠速位置)	节气门位置传感器是否检测怠速状态 ON 或 OFF	ON: 怠速	—
Throttle Require Position (节气门要求位置)	需要的节气门位置 最小: 0V; 最大: 5V	0.5~1.0V: 怠速	—
Throttle Sensor Position (节气门传感器位置)	节气门位置 最小: 0%; 最大: 100%	0%: 节气门全关 50%~80%: 节气门全开	ECM 上的节气门开度识别数值 点火开关 ON (IG) (发动机不起动) 时读取数值

（续）

智能测试仪显示	测量项目／范围	正常条件	诊断附注
Throttle Sensor Position #2 （2号节气门传感器位置）	2号节气门传感器位置 最小：0%；最大：100%	42%~62%: 节气门全关 92%~100%: 节气门全开	根据VTA2计算的数值 点火开关 ON（IG）（发动机不起动）时读取数值
Throttle Position No.1 （1号节气门位置）	1号节气门位置传感器的输出电压 最小：0V；最大：5V	0.5~1.1V: 节气门全关 3.2~4.9V: 节气门全开	点火开关 ON（IG）（发动机不起动）时读取数值
Throttle Position No.2 （2号节气门位置）	2号节气门位置传感器的输出电压 最小：0V；最大：5V	2.1~3.1V: 节气门全关 4.6~5.0V: 节气门全开	点火开关 ON（IG）（发动机不起动）时读取数值
Throttle Position Command （节气门位置指令）	节气门位置指令值 最小：0V；最大：4.9804V	0.5~4.9V	点火开关 ON（IG）（发动机不起动）时读取数值
Throttle Sens Open #1 （1号节气门传感器开启位置）	1号节气门传感器开启位置 最小：0V；最大：4.9804V	—	ETCS 维修数据
Throttle Sens Open Pos #2 （2号节气门传感器开启位置）	2号节气门传感器开启位置 最小：0V；最大：4.9804V	—	ETCS 维修数据
Throttle Sens Open #1（AD） [1号节气门传感器开启 （AD）]	1号节气门位置传感器的输出电压（AD） 最小：0V；最大：4.9804V	0.5~4.9V	点火开关 ON（IG）（发动机不起动）时读取数值
Throttle Motor （节气门电动机）	是否允许使用节气门执行器控制 ON 或 OFF	ON: 怠速	点火开关 ON（IG）（发动机不起动）时读取数值
Throttle Motor Current （节气门电动机电流）	节气门执行器电流 最小：0A；最大：80A	0~3.0A: 怠速	—
Throttle Motor （节气门电动机）	节气门执行器 最小：0%；最大：100%	0.5%~40%: 怠速	—
Throttle Motor Duty（Open） （节气门电动机开启时的占空比）	节气门执行器占空比（开度） 最小：0%；最大：100%	0%~40%: 怠速	ETCS 维修数据

			ETCS 维修数据
Throttle Motor Duty（Close）（节气门电动机关闭时的占空比）	节气门执行器占空比（闭合）最小：0%；最大：100%	0%~40%：怠速	
O2S B1 S2	2号加热式氧传感器的输出电压 最小：0V；最大：1.275V	0.1~0.9V：行驶速度70km/h	执行喷油量控制成为A/F传感器主动测试功能控制喷油量，可使技师检查传感器输出电压
AFS B1 S1	1号A/F传感器输出电压 最小：0V；最大：7.999V	2.8~3.8V：怠速	执行喷油量控制成为A/F传感器主动测试功能控制喷油量，可使技师检查传感器输出电压
Total FT #1（1列总燃油修正）	燃油系统的总燃油修正值 最小：-0.5；最大：0.496	-0.2~0.2	—
Short FT #1（1列短期燃油修正）	短期燃油修正 最小：-100%；最大：99.2%	-20%~20%	用来使空燃比保持在理论空燃比的短期燃油补偿
Long FT #1（1列长期燃油修正）	长期燃油修正 最小：-100%；最大：99.2%	-15%~15%	长期进行的总体燃油补偿，用以补偿短期燃油修正和中间值的持续偏差
Fuel System Status（Bank1）（1列燃油系统状态）	燃油系统状态 OL 或 CL OLDRIVE 或 OLFAULT CLFAULT	CL：暖机后怠速运转	OL（开环）：还没有满足转变为闭环的条件；CL（闭环）：使用加热式传感器作为燃油控制反馈；OLDRIVE（OL驱动）：由于驾驶条件（燃油增浓）转变为开环；OLFAULT（OL错误）：由于检测到的系统错误而转变为开环；CLFAULT（CL错误）：闭环，但用作燃油控制的加热式氧传感器故障

（续）

智能测试仪显示	测量项目/范围	正常条件	诊断附注
AFS B1 S1	A/F 传感器电流（1号传感器）最小：-128mA；最大：127.99mA	-	-
Catalyst Temp（B1S1）[催化器温度（1列1号传感器）]	估计的催化器温度（1列1号传感器）最小：-40℃；最大：6513.5℃	-	-
Catalyst Temp（B1S2）[催化器温度（1列2号传感器）]	估计的催化器温度（1列2号传感器）最小：-40℃；最大：6513.5℃	-	-
Initial Engine Coolant Temp（发动机冷却液初始温度）	发动机起动时的发动机冷却液温度 最小：-40℃；最大：120℃	接近于环境空气温度	-
Initial Intake Air Temp（进气初始温度）	发动机起动时的进气温度 最小：-40℃；最大：120℃	接近于环境空气温度	-
Injection Volume（Cylinder1）（1号气缸喷油量）	喷油量（1号气缸）最小：0mL；最大：2.048mL	0~0.15mL：怠速	10次喷油的总燃油量
Starter Signal（起动机信号）	起动机开关（STSW）信号 ON 或 OFF	ON：转动	-
Starter Control[①]（起动机控制）	起动机开关状态 ON 或 OFF	ON：转动	-
Power Steering Switch（动力转向机构开关）	动力转向机构信号 ON 或 OFF	ON：动力转向机构操作	-
Power Steering Signal（动力转向机构信号）	动力转向机构信号（历史）ON 或 OFF	ON：蓄电池端子连接后第一次转动转向盘	蓄电池端子断开时信号状态通常为 ON
Closed Throttle Position SW（节气门位置闭合 SW）	闭合节气门位置开关 ON 或 OFF	ON：节气门全关 OFF：节气门打开	-
A/C Signal（空调信号）	空调信号 ON 或 OFF	ON：空调 ON	-

项目	数值	条件	备注
Neutral Positon SW Signal（空档位置开关信号）	PNP 开关状态 ON 或 OFF	ON: P 或 N 位置	-
Electrical Load Signal（电气负荷信号）	电气负荷信号 ON 或 OFF	ON: 将前照灯或除雾器开关转到 ON	-
Stop Light Switch（制动灯开关）	制动灯开关 ON 或 OFF	ON: 踩下制动踏板	-
ETCS Actuator Power（ETCS 执行器电源）	ETCS 电源 ON 或 OFF	ON: 点火开关 ON（IG），系统正常	ETCS 维修数据
+BM Voltage（+BM 电压）	+BM 电压 最小: 0V；最大: 19.92182V	9~14V: 点火开关 ON，系统正常	ETCS 维修数据
Battery Voltage（蓄电池电压）	蓄电池电压 最小: 0V；最大: 65.535V	9~14V: 点火开关 ON（IG）	-
Actuator Power Supply（执行器电源供给）	执行器电源供给 ON 或 OFF	ON: 怠速	ETCS 维修数据
Atmosphere Pressure（大气压力）	大气压力 最小: 0kPa；最大:255kPa	约100kPa: 点火开关 ON（IG）	-
EVAP Purge VSV（EVAP 净化 VSV）	净化 VSV 状态 ON 或 OFF	-	主动测试支持数据
Fuel Pump/Speed Status（燃油泵/转速状态）	燃油泵状态 ON 或 OFF	ON: 发动机运转	主动测试支持数据
VVT Control Status（Bank1）（1 列 VVT 控制状态）	VVT 控制状态 ON 或 OFF	-	主动测试支持数据
Electric Fan Motor（电动风扇电动机）	电动风扇电动机 ON 或 OFF	ON: 电动风扇电动机运行	主动测试支持数据

（续）

智能测试仪显示	测量项目／范围	正常条件	诊断附注
TC and TE1 （TC 和 TE1）	DLC3 的 TC 和 CG（TE1）端子 ON 或 OFF	—	主动测试支持数据
Engine Speed of Cyl #1 （1 号气缸发动机转速）	1 号气缸燃油切断时的发动机转速 最小：0r/min；最大：25600r/min	—	仅在主动测试中进行 1 号气缸燃油切断时输出
Engine Speed of Cyl #2 （2 号气缸发动机转速）	2 号气缸燃油切断时的发动机转速 最小：0r/min；最大：25600r/min	—	仅在主动测试中进行 2 号气缸燃油切断时输出
Engine Speed of Cyl #3 （3 号气缸发动机转速）	3 号气缸燃油切断时的发动机转速 最小：0r/min；最大：25600r/min	—	仅在主动测试中进行 3 号气缸燃油切断时输出
Engine Speed of Cyl #4 （4 号气缸发动机转速）	4 号气缸燃油切断时的发动机转速：最小： 0r/min；最大：25600r/min	—	仅在主动测试中进行 4 号气缸燃油切断时输出
Av Engine Speed of ALL Cyl （所有气缸的发动机平均转速）	1～4 号气缸燃油切断时的平均发动机转速 最小：0r/min；最大：25600r/min	—	仅在进行主动测试时输出
VVT Aim Angle（Bank1）[2] （1 列 VVT 调整角度）	VVT 调整角度（1 列） 最小：0%；最大：100%	0%～100%	侵入操作时的 VVT 占空比信号值
VVT Change Angle（Bank1）[2] （1 列 VVT 改变角度）	VVT 改变角度（1 列） 最小：0° FR；最大：60° FR	0°～56° FR	侵入操作时的转移角度
VVT OCV Duty（Bank1）[2] （1 列 VVT OCV 占空比）	VVT OCV 操作占空比 最小：0%；最大：100%	0%～100%	侵入操作时所需要的占空比值
Ilde Fuel Cut （怠速燃油切断）	强制怠速工况的燃油切断 ON 或 OFF	ON：燃油切断运行	在节气门全关和发动机转速超过 1500r/min 时，怠速燃油切断为 "ON"
FC TAU	燃油切断 TAU（负荷很低时燃油切断） ON 或 OFF	ON：燃油切断运行	在负荷很低的状态下切断燃油，以防 止发动机不完全燃烧
Ignition（点火）	点火计数器 最小：0；最大：400	0～400	—

参数	说明		
Cylinder #1 Misfire Rate（1号气缸缺火率）	1号气缸缺火率 最小: 0; 最大: 255	0	—
Cylinder #2 Misfire Rate（2号气缸缺火率）	2号气缸缺火率 最小: 0; 最大: 255	0	—
Cylinder #3 Misfire Rate（3号气缸缺火率）	3号气缸缺火率 最小: 0; 最大: 255	0	—
Cylinder #4 Misfire Rate（4号气缸缺火率）	4号气缸缺火率 最小: 0; 最大: 255	0	—
All Cylinders Misfire Rate（所有气缸缺火率）	所有气缸缺火率 最小: 0; 最大: 255	0	—
Misfire RPM（缺火转速）	发生缺火时的发动机转速 最小: 0r/min; 最大: 6375r/min	—	—
Misfire Load（缺火负荷）	发生缺火时的发动机负荷 最小: 0g/r; 最大: 3.98g/r	—	—
Misfire Margin（缺火范围）	用以检测发动机缺火的范围 最小: -100%; 最大: 99.22%	-100%~99.22%	缺火检测范围
#Codes（故障码数量）	故障码数量 最小: 0; 最大: 255	—	检测到的 DTC 数量
Check Mode（检查模式）	检查模式 ON 或 OFF	ON: 检查模式 ON	—
SPD Test（SPD 测试）	车速传感器在检查模式下的结果 COMPL 或 INCMPL	—	COMPL: 完成 INCMPL: 未完成
Misfire Test（缺火测试）	缺火监控在检查模式下的结果 COMPL 或 INCMPL	—	COMPL: 完成 INCMPL: 未完成

（续）

智能测试仪显示	测量项目 / 范围	正常条件	诊断附注
OXS1 Test （OXS1 测试）	HO2 传感器在检查模式下的结果 COMPL 或 INCMPL	—	COMPL：完成 INCMPL：未完成
A/F Test Results（Bank1） （1 列 A/F 测试结果）	空燃比传感器在检查模式下的结果 COMPL 或 INCMPL	—	COMPL：完成 INCMPL：未完成
MIL （故障指示灯）	MIL 状态 ON 或 OFF	ON：MILON	—
MIL ON Run Distance （MIL ON 的行驶距离）	MIL 亮起后的行驶距离 最小：0km；最大：65535km	检测到 DTC 后的行驶距离	—
Running Time from MILON （MIL 亮起后的行驶时间）	MIL 亮起后的行驶时间 最小：0min；最大：65535min	相当于 MIL 亮起后的行驶时间	—
Engine Run Time （发动机运转时间）	发动机运转时间 最小：0s；最大：65535s	发动机起动后的时间	—
Time After DTC Cleared （DTC 清除后的时间）	DTC 清除后的时间 最小：0min；最大：65535min	相当于 DTC 清除后的时间	—
Distance from DTC Cleared （DTC 清除后的行驶距离）	DTC 清除后的行驶距离 最小：0km；最大：65535km	相当于 DTC 清除后的距离	—
Warm up Cyclecleared DTC （DTC 清除后的暖机周期）	DTC 清除后的暖机周期 最小：0；最大：255	—	DTC 清除后的暖机周期数
OBD Requirements （OBD 要求）	OBD 要求	E-OBD	—
Number of Emission DTC （排放 DTC 的数量）	排放 DTC 的数量	—	—
Complete Parts Monitor （全部零件监控）	全面的组件监控 NOT AVL 或 AVAIL	—	NOT AVL：无监控 AVAIL：有监控

Fuel System Monitor（燃油系统监控）	燃油系统监控 NOT AVL 或 AVAIL	—	NOT AVL: 无监控 AVAIL: 有监控
Misfire Monitor（缺火监控）	缺火监控 NOT AVL 或 AVAIL	—	NOT AVL: 无监控 AVAIL: 有监控
O2S（A/FS）Monitor [O2S（A/FS）监控]	O2S（A/FS）监控 NOT AVL 或 AVAIL	—	NOT AVL: 无监控 AVAIL: 有监控
Catalyst Monitor（催化器监控）	催化器监控 NOT AVL 或 AVAIL	—	NOT AVL: 无监控 AVAIL: 有监控
Model Code（车型代码）	确认车型代码	ACV40	—
Engine Type（发动机类型）	确认发动机类型	2AZFE	—
Cylinder Number（气缸数）	确认气缸数 最小: 0; 最大: 255	4	—
Transmission Type（变速器类型）	确认变速器类型	ECT（5AT）	—
Destination（输出国）	确认输出国	W	—
Model Year（车型年份）	确认车型年份: 最小: 1900; 最大: 2155	—	—
System Identification（确认系统）	确认发动机系统	汽油（汽油发动机）	—

①带智能进入和起动系统。

②仅在进行以下主动测试时才显示数据表数值: VVTB1。对于其他主动测试，数据表数值为 0。

根据数据的提示，可以很容易地找出故障部位，即 EGR 阀卡在部分打开状态。排除故障后再次读得数据如图 3-2 所示。

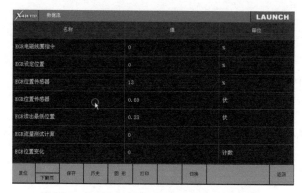

图 3-2　某别克凯越怠速不稳故障排除后的数据

5. 怠速不稳检查口诀

排气突突引擎抖，缸不工作是常有。
断火断油试验证，查完点火查喷油。
真空漏气管插错，一一检查莫放过。
点火正时不准确，废气循环乱工作。
节气门体怠速阀，清洗调整设定它。
油气配比要恰当，过浓过稀均不好。
看看有无调节器，闭环工作好不好。
故障码与数据流，尾气测量细分析。
气缸压力若过低，气门缸垫活塞环。
配气正时记号错，气门间隙小和无。
弹簧过软积炭多，气门发卡回位慢。
可变配气正时阀，机油过脏可发卡。
平衡轴来支架垫，检查校对视情换。

6. 初始怠速调整设定问题

各种发动机通常有原厂规定的怠速调整及对发动机 ECU 进行重新设定的程序。所谓对发动机 ECU 进行重新设定，即清除发动机 ECU 中的故障记忆，让其重新学习怠速。

在大众车系中，有相当多的地方要求进行基本设定。所谓基本设定，就是通过数据通道将一些数据写入控制器，将数据调整到生产厂家指定的基本值，或将某些元器件参数写入电控单元。

仔细阅读数据流会发现，当节气门变脏污后，发动机在怠速运转时，节气门开度会增大。这是因为节气门体变脏后，在相同的开度下，进气量会减小，将不足以维持发动机的额定怠速运转，节气门开度就会增大。对于怠速控制采用步进电机的车型，当步进电机变脏污后，它的开启步数会增大，清洗干净后开启步数会减少。这说明电控单元具有学习功能，不但能够检测到元件参数的变化，还能够适应这种变化。但是，电控单元是如何知道该元件的初始基本参数呢？这就需要基本设定。在未做基本设定之前，假如电控单元收到了一个节气门怠速位置的电压信号，但并不知道其开启角度，这是因为电控单元还不知道节气门最小怠速位置、最大怠速位置的电压值等基本参数。如果电控单元知道了节气门最小怠速位置、最大怠速位置的电压值，就知道了怠速节气门电位计的电压范围。电控单元知道了怠速节气门电位计的几个中间位置的电压值，就知道了怠速节气门电位计的特性。这样一来，当电控单元收到任一位置的信号电压时，就都能判断出节气门的开度。基本设定就是让电控单元了解节气门体的基本特性、基本参数，这样才会在以后的运行过程中自动地调整它与节气门的动作。

基本设定是指人为地创造一个特定的初始状态，即用故障诊断仪命令电控单元做一次基本设定的过程，它由电控单元控制进行，不能人工干预。不同车型通常利用不同的仪器进行基本设置。

细心的修理工在进行基本设定时，可能会听到节气门体处发出"咔哒、咔哒"声，如果此时打开机器盖，就会看见节气门在抖动。实际上，节气门是在节气门体内怠速电机的驱动下做如下动作：从"初始位置"关闭到最小位置，然后再从最小位置开启到最大位置（45°），最后重新回到"初始位置"。此时，电控单元会把最大、最小及最大与最小之间的三等分点位置记录下来，这样，电控单元就识别了节气门体的特性。

由以上原理分析不难得出，在影响到电控单元与节气门体协调工作的因素时，需要进行基本设置。以下几种情况需要进行基本设定：

1）在更换新电控单元后，新电控单元内还未存储节气门体的特性，需进行基本设定。

2）在电控单元断电后，电控单元存储器的记忆丢失，需进行基本设定。

3）更换新节气门体后，需进行基本设定。

4）更换或拆装进气道后，影响到电控单元与节流阀协调工作及对怠速的控制，需进行基本设定。

5）在清洗节气门体后，怠速节气门电位计的特性虽然没有变化，但在相同的节气门开度下，进气量已发生突变，怠速控制特性已发生突变，也需进行基本设定。

对上述部件进行维修或更换后，如果不进行基本设定，电控单元与怠速控制元件的工作会出现不协调，表现就是怠速控制不精确、不稳定，如怠速偏高或偏低、怠速不稳等不良现象。但这种不良表现是暂时的，因为电控单元具有学习及自动适应的能力，只不过不如基本设定快速、准确而已。

也有的车型对以上部件进行维修或更换后，不但要进行基本设定，还要清除原学习值，这与车辆的软件有关。

7. 点火顺序问题

（1）直列4缸

1）1—3—4—2（绝大多数直列4缸发动机采用该顺序）。

2）1—2—4—3。

（2）对置4缸

1—3—2—4（见图3-3）。

（3）直列5缸

1—2—4—5—3（如奥迪、沃尔沃，见图3-4）。

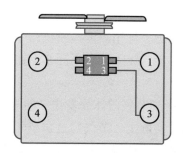

图3-3　富士2.2L无分电器发动机

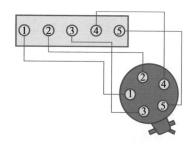

图3-4　奥迪2.2L和2.3L发动机

（4）直列6缸

1）1—5—3—6—2—4（绝大多数直列6缸发动机采用该顺序）。

2）1—4—2—6—3—5（如五十铃部分发动机）。

（5）V型6缸

1）1—2—3—4—5—6（见图3-5、图3-6）。1—6—5—4—3—2（如通用鲁米娜）；

2）1—4—3—6—2—5（见图3-7）。

3）1—4—2—5—3—6（见图3-8）。

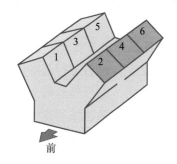

图3-5　丰田、日产、三菱发动机：
1—2—3—4—5—6

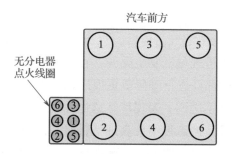

图3-6　道奇3.3L发动机：
1—2—3—4—5—6

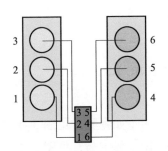

图 3-7　奥迪发动机：
1—4—3—6—2—5

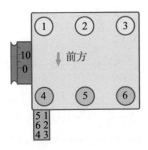

图 3-8　福特 3.8L 发动机：
1—4—2—5—3—6

（6）对置 6 缸

1—6—3—2—5—4（如富士对置 6 缸 3.3L 无分电器式发动机，见图 3-9）。

（7）V 型 8 缸

1）1—8—4—3—6—5—7—2（如雷克萨斯，见图 3-10）；

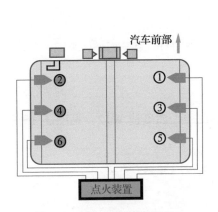

图 3-9　富士对置 6 缸发动机：
1—6—3—2—5—4

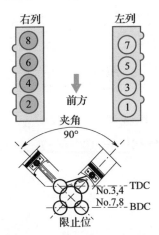

图 3-10　雷克萨斯 1UZ-FE 发
动机：1—8—4—3—6—5—7—2

2）1—8—7—3—6—5—4—2（如日产英菲尼迪，见图 3-11）。

3）1—5—4—8—6—3—7—2（如奔驰、奥迪、宝马等，见图 3-12）。

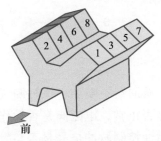

图 3-11　日产英菲尼迪发动机：
1—8—7—3—6—5—4—2

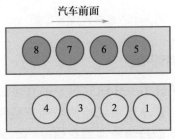

图 3-12　奔驰、奥迪、宝马发动机：
1—5—4—8—6—3—7—2

4）1—2—7—3—4—5—6—8（如三菱8DC）。

（8）V型10缸

1—2—7—8—5—6—3—4—9—10（如三菱10DC）。

（9）V型12缸

1）1—12—5—8—3—10—6—7—2—11—4—9（如奔驰，见图3-13）。

2）1—7—5—11—3—9—6—12—2—8—4—10（如宝马，见图3-14）。

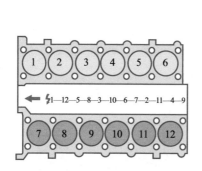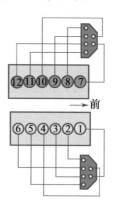

图3-13　奔驰发动机：1—12—5—8—3—10—6—7—2—11—4—9

图3-14　宝马发动机：1—7—5—11—3—9—6—12—2—8—4—10

（10）W型12缸

1—12—5—8—3—10—6—7—2—11—4—9（如奥迪W12，见图3-15）。

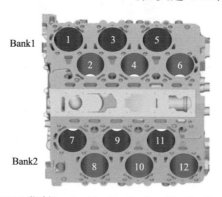

图3-15　奥迪W12发动机：1—12—5—8—3—10—6—7—2—11—4—9

8. 喷油器的检查

发动机某缸不工作的故障原因有该缸缺火、喷油器不喷油、该缸漏气或该气缸压缩压力过低。在车上可以检测喷油器线圈电阻是否正常，电磁阀是否动作和是否有喷油信号，但不能检测喷油雾化情况、喷油量和喷油控制脉冲信号是否与发动机工况相匹配。

（1）缸外喷射发动机喷油器的检查

1）喷油器的就车检查。

①检查喷油器线圈的电阻：断开点火开关，拔下喷油器的插头，用万用表电阻档测量喷油器线圈的电阻值，如图 3-16 所示。现在一般都采用高阻喷油器，阻值 11～16Ω。

②检查喷油器电磁阀是否动作：发动机怠速运行时，用手接触喷油器，应有振动感，如图 3-17 所示，或用一把旋具搭在喷油器上，在旋具另一端应听到清脆的"嗒嗒"声（电磁阀开、关声）。如果用手摸无振动感或听不到电磁阀动作声音，则说明该喷油器不工作，但如果手摸有振动感或听到电磁动作声音，则对喷油情况进行检查。

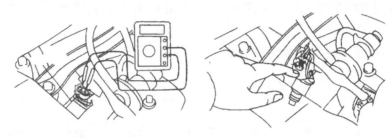

图 3-16　测量喷油器线圈的电阻　　图 3-17　检查喷油器电磁阀是否动作

③喷油器控制电路的检查：喷油器控制电路一般均由点火开关或主继电器供电，由 ECU 控制喷油器的搭铁回路。检查方法如下：

a）检查喷油器控制电路的电源供应：拔下喷油器插接器插头，接通点火开关，不要起动发动机。测量喷油器控制线插接器插头上的电源线的电压，应为 12V（有的车型必须在起动状态下）。若无电压则应检查点火开关及熔丝或主继电器及线路。

b）喷油控制信号的检查，主要有 4 种方法：

方法一：用示波器检测喷油信号波形。

方法二：用诊断仪读取喷油脉宽（ms）。

方法三：用万用表交流电压档测量交流电压。以丰田 4 缸发动机为例，怠速时约 1.67V，急加速时交流电压可达 2~9V。

方法四：将一个 330Ω 电阻串联一个发光二极管作为试灯。断开点火开关，拔出喷油器电线插头，在线束插头上接上发光二极管试灯，起动、运行时观察发光二极管，信号正常时发光二极管闪烁，若不闪烁则说明没有喷油脉冲控制信号。如果没有喷油控制信号，则应检查线路及 ECU 等。

④喷油器平衡测试：可以对发动机上的喷油器进行喷油器平衡测试，以诊断是否有节流。进行喷油器平衡测试需要一只燃油压力表和一个喷油器平衡测试仪。在进行喷油器平衡测试之前，要检查燃油压力。喷油器平衡测试仪包括一个定时电路，它可以在定时按钮按下时按照精确的时间周期激励每一个喷油器。喷油器平衡测试的步骤如下：

a）在燃油管线上的阀口处连接一个燃油压力表。

b）以正确的极向把喷油器测试仪的导线与蓄电池接线端相连。拆下喷油器导线接线器中的一个，连接测试仪导线接线器至喷油器的接线端。

c）循环地接通或断开点火开关，直到压力表上的压力值与规定的压力值一致。许多燃油压力表上都有一个空气排放按钮，必须按下这个按钮以排掉压力表内的空气。循环地接通或断开点火开关，或起动发动机以期获得特定的压力值，然后关断点火开关。此为第一次压力值。

d）按下测试仪上的定时按钮记录压力表读数，当定时器激励喷油器，使喷油器内的燃油释放至进油口时，油管线内的油压下降。此为第二次压力值。

e）在每一个喷油器上重复步骤 b）、c）和 d），定时器激励每一个喷油器后，记录下燃油压力。

某发动机喷油器平衡测试结果见表 3-2。

表 3-2　某发动机喷油器平衡测试结果

喷油器编号		1	2	3	4	5	6	平均值
压力／kPa	第一次读数	225	225	225	225	225	225	
	第二次读数	100	100	100	90	100	115	
	压力下降值	125	125	125	135	125	110	124.2
	与平均值比较	+0.8	+0.8	+0.8	+10.8	+0.8	−14.2	
结论		合格	合格	合格	不合格	合格	不合格	

f）比较每一个喷油器的压力。如果喷油器处于正常状态，则定时器激励每一个喷油器后它们的燃油压力应该是相同的。如果某一个喷油器喷口或尖端有节流，则当定时器激励这个喷油器时，它的压降值不如其他喷油器压降值大。当某个喷油器活塞开口粘连时，燃油压力下降极大。当定时器激励某个喷油器时，如果这个喷油器的燃油压力下降值低于或高于平均压力下降值 10kPa，则说明这个喷油器有故障。例如，表 3-2 中的 4 号与 6 号喷油器表现不良。

2）喷油质量的检查：喷油器喷油质量的检查主要包括喷油量、雾化质量和泄漏的检查。

①方法一（以丰田车为例）：断开点火开关，拆下蓄电池搭铁线；将进油管与分油管拆开，装上丰田专用的软管连接头和检查用的软管，旋紧连接头和油管；把喷油器、压力调节器和油管用连接头和连接卡夹连接好，如图 3-18 所示。在喷油器喷口处套上塑料管，塑料管伸入量筒中；重新装上蓄电池搭铁线，使用诊断仪的动作测试功能使燃油泵运转。

如图 3-19 所示，接通电源 15s，检查喷油器喷油雾化情况，用量筒测出喷油量。每个喷油器测试 2~3 次，15s 内的标准喷油量为 70~80cm³，各喷油器允许误差 9cm³。

具体数据请参见原厂维修手册。

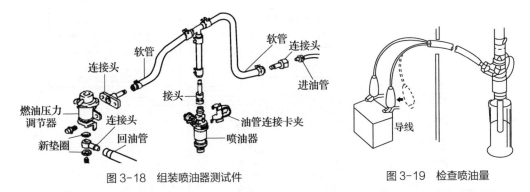

图 3-18　组装喷油器测试件　　　　　图 3-19　检查喷油量

停止喷油后检查喷油器喷口处有无漏油，在 3min 内，泄漏一滴或更少为正常，否则应更换喷油器。

②方法二：将各喷油器拆下全部放置在超声波喷油器清洗机上，直接观察喷油状况和喷油量。

③方法三：有的气动式或电动式燃油喷射清洗机有专门检测单个喷油器喷油情况的油管、接头或喷油脉冲发生器。将单个喷油器安装在清洗机的出油管上，喷油器插座上接上喷油脉冲发生器的控制线插头，调节清洗机输出油压，观察喷油状况和是否有漏油。

④方法四：将化油器清洗剂的细塑料管前端缠上电工用绝缘胶带，将缠上胶带的塑料细管插入喷油器进油口（缠胶带的目的是防止化油器清洗剂喷入时反溅），两导线分别与蓄电池正、负极相连，负极导线搭铁几秒后放开，再搭铁几秒，模拟一个人工脉冲信号，间歇搭铁的同时喷入化油器清洗剂，这样既可清洗喷油器，又可以观察喷油状况。

（2）汽油直接喷射系统的喷油器的检查

为了尽可能地降低燃油消耗和废气排放，现在很多汽车公司都采用了汽油直接喷射系统。

图 3-20 所示为雷克萨斯 LS460 轿车 1UR-FSE 发动机燃油喷射系统（D-4S 系统）示意图。

D-4S 系统以两种类型的燃油喷射系统为基础：直接喷射系统和进气口喷射系统。来自燃油箱的燃油被分别输送到低压和高压燃油系统。输送到低压燃油系统的燃油通过喷油器（进气口喷射）被喷射到进气口内。输送到高压燃油系统的燃油经高压燃油泵加压，并通过喷油器（直接喷射）被喷射到燃烧室内。

直接喷射系统主要由燃油泵（高压）、输油管（直接喷射）和直接喷射喷油器组成。在此系统内，发动机 ECU 根据来自各传感器的信号，通过喷油器驱动器（电子驱动器单元，EDU）控制高压燃油泵和直接喷射喷油器，进而控制燃油压力、喷射量和喷射正时。

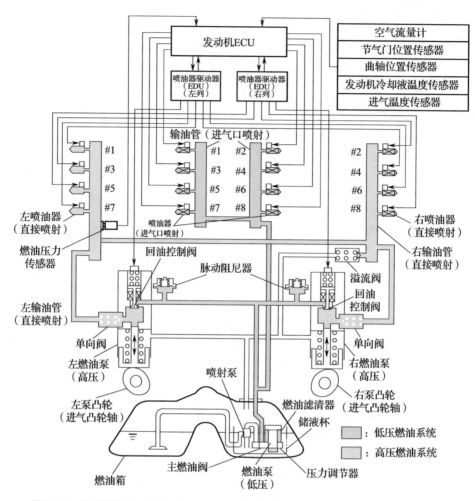

图 3-20　雷克萨斯 LS460 轿车 1UR-FSE 发动机燃油喷射系统（D-4S 系统）示意图

　　进气口喷射系统主要由燃油泵（低压）、输油管（进气口喷射）和喷油器（进气口喷射）组成。在此系统内，发动机 ECU 根据来自各传感器的信号控制进气口喷射喷油器，进而控制喷射量和喷射正时。

　　直接喷射采用有两个槽形喷孔的双槽喷嘴型直接喷射喷油器，如图 3-21 所示。各喷油器根据来自发动机 ECU 的信号测量高压燃油流。槽形喷嘴将燃油以细密雾滴的形式呈扇形直接喷射进燃烧室。在喷油器接触气缸盖的部位有隔热垫，并采用特氟龙轴封密封喷油器以适应气缸内的燃烧压力，从而减小振动和噪声，并提高密封性能。各喷嘴端部进行了表面处理，以减少沉淀的附着。

　　通过喷油器驱动器（EDU）驱动各喷油器。根据接收到的发动机 ECU 的信号，EDU 将初始的 50V 高电压和 9.7A 的大电流加到喷油器上，以快速开启针阀。喷油器开启后，EDU 将施加 12V 的恒定电压和 2A 的恒定电流，以有效保持开启状态。该控制可使喷油器在极短时间内喷射高压燃油。

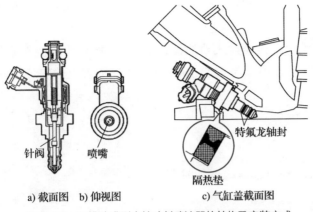

a) 截面图　b) 仰视图　　　　c) 气缸盖截面图

图 3-21　双槽喷嘴型直接喷射喷油器的结构及安装方式

直接喷射 EDU：1UR-FSE 发动机采用 2 个 EDU 控制喷油器。一个 EDU 控制 1、4、6 和 7 号气缸的喷油器（直接喷射）和左列的燃油泵回油控制阀（高压），另一个 EDU 控制 2、3、5 和 8 号气缸的喷油器（直接喷射）和右列的燃油泵回油控制阀（高压）。采用直流/直流变换器将 12V 升压至 50V，以使 EDU 在高压条件下控制喷油器。直流/直流变换器给 EDU 提供高压和快速充电系统（"快速充电系统"指 EDU 给其内部高压电源"再充电"的能源）。发动机 ECU 持续监控 EDU，检测到异常情况时会使发动机停机。直接喷射喷油器的电阻应为 2.01～2.31Ω（20℃时），可用万用表检查。

图 3-22 所示为大众车系用的直接喷射喷油器。喷射期间，系统控制喷射阀内的电磁线圈并产生磁场，这样就会吸引带阀针的电枢，使阀门开启并喷入燃油。如果系统不再控制线圈，则磁场突然减弱，阀针在压力弹簧的作用下压入阀座内，燃油流动中断。其喷油器控制信号波形如图 3-23 所示。

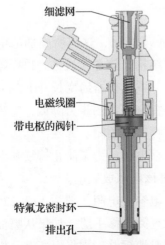

图 3-22　大众车系的直接喷射喷油器

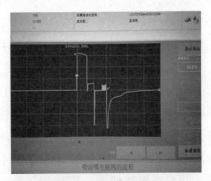

图 3-23　大众缸内直接喷射式喷油器控制信号波形

喷射阀损坏时可以通过缺火识别电路来识别，系统不再控制该喷射阀。

更换某一喷射阀后必须删除自适应值（学习值），并在发动机电控单元上重新对这些值进行适配。

还有一种压电式的直接喷射式喷油器，图 3-24 所示为奔驰车系用到的压电式汽油直接喷射喷油器，其工作电压是 125~160V，它在气缸盖上的安装位置如图 3-25 所示。

图 3-24 奔驰车系用的压电式汽油
直接喷射喷油器

图 3-25 奔驰车压电式汽油直接喷射喷
油器的安装位置

压电元件是一个电动机械式转换器，它是一块压电陶瓷，能把电能直接转换成机械能（力 / 行程）。在压电元件上施加电压时，它就会膨胀，如图 3-26 所示。

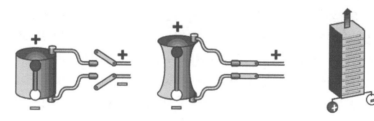

a）压电元件（未施加电压）　　b）压电元件（施加电压后）　　c）压电元件的分层

图 3-26 压电元件的工作原理

一个单层的压电元件在通电时只能产生非常小的长度变化，这与所施加的电压有关。为了获得较大的动作行程，压电元件可制造成多层结构，该总成被称为执行器，通常由 200~300 个单层组成。在施加最大 200V 的电压时，该执行器约变长 0.045mm。当压电元件执行器受控时，喷油器内的开关行程阀打开，控制室内的压力降低，喷嘴针阀打开。当开关行程阀关闭时，控制室内的压力升高，喷嘴针阀关闭。

当一个压电元件从电源上脱开时，它像电容一样保存电荷。为了防止持续喷射，可以在压电元件上并联一个电阻。压电元件可在 1s 内通过该电阻放完电。

对于这种压电式喷油器，可以用万用表测量电阻及电容，电阻一般为 170~220kΩ，电容一般不大于 3μF，具体数据因车型不同而不同，请查阅维修手册。如果从喷油器到控制单元的导线极性颠倒，则将损坏喷油器。如果导线对地短路，则将损坏发动机控制单元。

宝马 N54、N73 等发动机上使用了向外打开式压电喷射器，如图 3-27 所示。

这种压电喷射器可产生最高 200MPa 的喷射压力，并使喷嘴针以极快的速度打开。这样可摆脱受气门开启时间限制的工作循环而向燃烧室内喷射燃油。

压电喷射器主要由压电元件、热补偿器和向外打开式喷嘴针 3 个部分组成。压电元件通电后膨胀使喷嘴针向外伸出阀座。为了能够承受相应阀门开启升程的不同运行温度，喷射器装有一个热补偿元件。

制造喷射器时工厂记录了某些特定位置的大量测量数据，以此确定喷射量调节的公差范围并以 6 位数字组合方式给出；此外还附有用于调节喷射器电压的喷射器行程信息。由于各种压电式执行机构的具体电压要求不同，因此需要进行喷射器调节。这一点通过分配相应的电压要求等级实现，该等级信息包含在喷射器的数字组合内。这些数据传输至控制单元内，发动机运行期间利用这些数值补偿测量和控制过程中的偏差。因此，更换某个喷射器时必须进行喷射器调节。

压电喷射器与火花塞一起集成在进气门与排气门中间的气缸盖内，如图 3-28 所示。安装在此处可避免喷入的燃油沾湿气缸壁或活塞顶。通过气体在燃烧室内的移动以及稳定的燃油锥束，可形成均匀的燃油空气混合气。气体移动一方面受进气通道几何形状的影响，另一方面也受活塞顶形状的影响。喷入燃烧室内的燃油通过增压空气形成涡旋，直至点火时刻前在整个压缩室内形成均匀的混合气。

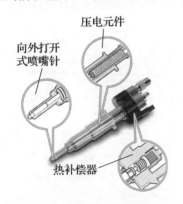

图 3-27　向外打开式压电喷射器　　　　图 3-28　向外打开式压电喷射器的安装位置

在进行 N54 发动机燃油系统方面的维修工作时，要注意确保点火线圈不被燃油弄脏。若点火线圈接触大量燃油，会严重削弱硅酮材料的耐久性，可能会影响火花塞头点火放电，从而造成点火断火。拆卸燃油系统前必须取出点火线圈，并盖上抹布，以防止燃油进入火花塞孔。安装压电喷射器前，要拆卸点火线圈并彻底清洁。受燃油严重污染的点火线圈必须更换。安装和拆卸压电喷射器时必须更换特氟龙密封圈。即使是起动一次发动机后不得不再次拆下刚刚安好的喷射器，也要更换该密封圈。带有新特氟龙密封圈的压电喷射器必须尽快安装到位，因为特氟龙密封圈可能会膨胀。

维修时，必须遵守相关维修说明。安装时，必须要确保压电喷射器准确就位。

压电喷射器的向外打开式喷嘴针如图 3-29 所示。喷嘴针从其锥形针阀座内向外压出，形成一个环状间隙。加压后的燃油经过该环状间隙形成空心锥束，其喷射角度与燃烧室内的背压无关。

如图 3-30 所示，喷射过程中压电喷射器的喷射锥束可能会扩大。由于发动机内部会形成积炭，因此这种现象在一定程度内是允许出现的，而且很常见。但是，如果喷射角度扩大后喷射到火花塞上，则会导致火花塞损坏。有时我们可以根据火花塞的状态来判断直接喷射喷油器是否存在喷射锥角变化的问题。如图 3-31、图 3-32 所示，直接喷射喷油器的故障可能导致火花塞绝缘体底部破损或电极一侧烧损。当发现宝马 N54 发动机的火花塞出现这些情况时，仅更换火花塞并不能解决问题，还必须同时考虑压电喷射器故障。

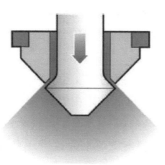

图 3-29　向外打开式喷嘴针

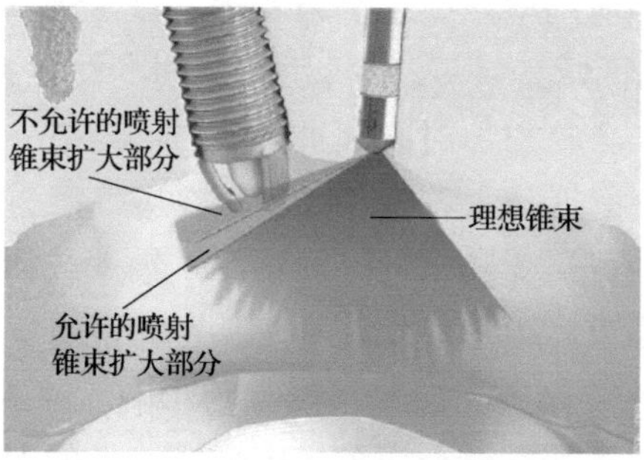

图 3-30　压电喷射器在燃烧室内的喷射锥束

图 3-31　火花塞绝缘体底部破损

图 3-32　火花塞电极一侧烧损

9. 怠速控制执行机构的检查

（1）步进电机型

1）在车上检查怠速控制阀（ISCV）：当发动机熄火或暖机刚结束时，怠速控制阀会发出"咔嗒"一声，如果不响，则应检查 ISCV 和 ECU。

2）检查 ISCV 的电阻：线圈电阻一般应是 $10 \sim 30\Omega$（视车型而定），具体数值请参见原厂维修手册。如果电阻不对，则应更换 ISCV。

3）用诊断仪检测 ISCV 步级数或进行动作测试。

（2）旋转电磁阀型

旋转电磁阀型怠速控制阀控制电路如图 3-33 所示，控制原理如图 3-34 所示。

在整个怠速范围内，ECU通过占空比（0～100%）对怠速转速进行控制，其检查方法也是测线圈电阻、测量信号波形、用诊断仪进行数据流读取以及进行动作测试等。

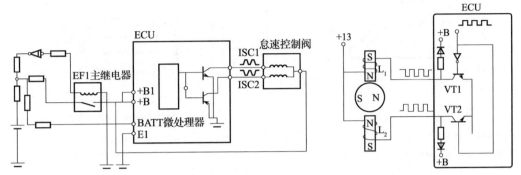

图 3-33 旋转电磁阀型怠速控制阀控制电路　　图 3-34 旋转电磁阀型怠速控制阀控制原理

（3）大众车系节气门直动式怠速控制执行机构

怠速控制装置是通过节气门体控制部件中的怠速稳定控制器直接控制节气门的开启来实现怠速稳定控制的，它没有怠速空气旁通道。怠速稳定控制器由一个直流电机通过齿轮传动控制节气门开启。图3-35所示为捷达车型节气门体的内部构造。节气门体电路及节气门体插座引脚布置如图3-36、图3-37所示。

节气门体是一个电动机系统组件，它由怠速直流电动机、怠速节气门电位计、节气门电位计、怠速开关、应急弹簧等组成。按技术要求，节气门体外壳不能打开检修，也不允许人工调整，只能用故障诊断仪的"基本调整"功能来进行设定。其各部件及作用分别是：

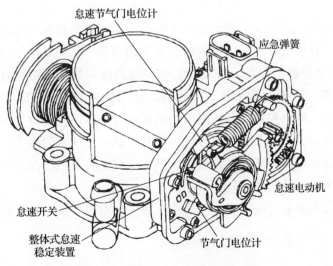

图 3-35 捷达车型节气门体的内部构造

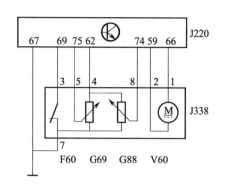

图 3-36　节气门体电路

J220—电控单元　J338—节气门体总成
F60—怠速开关　G88—怠速节气门电位计
G69—节气门电位计　V60—怠速直流电动机

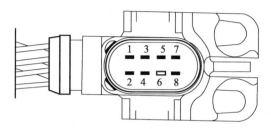

图 3-37　节气门体插座引脚布置

1—怠速电动机正极　2—怠速电动机负极　3—怠速开关正极
4—电位计正极　5—节气门电位计　6—未占用
7—怠速开关负极、电位计负极　8—怠速节气门电位计

1）节气门电位计（G69）：节气门电位计与节气门轴连接，它的阻值变化反映了节气门在全部开度范围的位置，此信号作为主要的负荷辅助信号，直接影响发动机喷油量和点火角，电控单元还根据节气门位置信号的变化率来识别加减速工况。当节气门位置信号中断时，电控单元用发动机转速信号和空气流量计信号计算出一个替代值，发动机仍能运转。

2）怠速节气门电位计（G88）：怠速节气门电位计与怠速直流电动机连在一起，向电控单元提供节气门的当时位置及怠速范围内怠速电动机的位置。当怠速节气门到达调节范围内极限时，如果节气门继续开启，则怠速节气门电位计将不再起作用。如果其信号中断，则应急弹簧将节气门拉动进入机械应急运转状态，发动机怠速转速将有所提高。

3）怠速开关（F60）：怠速开关在整个怠速调节范围内闭合，电控单元通过怠速开关的闭合信号来识别怠速工况。若怠速开关信号中断，则电控单元将比较节气门电位计和怠速节气门电位计的值，根据两者的相位关系判别节气门的怠速位置。

4）怠速直流电动机（V60）：它能在怠速调节范围内通过齿轮驱动来操纵节气门开度。发动机电控单元不断地采集转速传感器送来的转速信号并与理论怠速转速进行比较，如果存在偏差，则电控单元将根据节气门电位计当时的位置信息，在怠速范围内通过控制怠速直流电动机来调节节气门开度，实现对怠速进气量的调节，以控制发动机怠速转速。如果怠速电动机损坏或电路故障，则应急弹簧将节气门拉到一个特定的应急运转位置，以保证车辆继续行驶。

目前，发动机大多采用电子节气门系统，其结构原理参见"加速不良故障的诊断"。

10. 氧传感器、空燃比传感器与废气分析

怠速不稳时经断缸检查，可以判断这种故障是"影响某个气缸"还是"对所有气缸都有影响"。如果这种故障只影响某个气缸，就检查这只气缸的"发动机三要素"。如果

这种故障对所有气缸都有影响，就检查空燃比 A/F。

为判断空燃比是否合适，一般先通过诊断仪读取氧传感器或空燃比传感器信号。

对于氧化锆式氧传感器，其信号电压范围是 0.1 ~ 0.9V，当空燃比值为 14.7：1 时，氧传感器电压在 0.45V 左右。信号电压小于 0.45V 时，氧传感器反馈信号表示的是混合气稀，信号电压大于 0.45V 时，反馈信号表示混合气浓。在新型的发动机控制系统中，给氧传感器加装了加热线圈，以提高它在发动机怠速运转时的工作温度，使氧传感器在发动机低温和怠速时也能正常工作，因此，此种氧传感器变为 3 线或 4 线。它常安装在排气总管三元催化器前，用于混合气的短时调节。目前最常见的氧传感器为加热型氧化锆式氧传感器，对它的检测最好是用示波器检测信号电压波形。一般说来，一个工作良好的电控汽油发动机在闭环工作状态下，怠速时，氧传感器在 10s 内应有不少于 8 个浓 / 稀振幅；转速为 2500r/min 时，10s 内应有 10 ~ 40 个浓 / 稀振幅。当空燃比由稀变浓时，氧传感器的响应时间应小于 100ms；当空燃比由浓变稀时，氧传感器的响应时间应小于 125ms。评定氧传感器信号的第一步是证明该传感器处于良好的状况，然后用数字存储示波器测试氧传感器信号的响应时间。可使用从进气歧管上的真空管处喷丙烷（或化清剂）的方法使混合气变浓，用拔下真空管使真空泄漏的方法使混合气变稀，这时氧传感器信号随之作相应变化，通过示波器观察其由稀变浓及由浓变稀的响应时间，此响应时间应符合前述要求。

对于装用空燃比传感器的发动机，以丰田车为例，为了确定故障是空气燃油混合物过稀还是过浓，使用一台智能检测仪（手持式测试仪）检查氧气传感器、空燃比传感器的电压及短期燃油校正数值。智能检测仪上显示的空燃比传感器的电压应为 3.3V，这个电压值是 ECM 内部数值。因为 A/F 传感器是电流输出元件，电流在 ECM 内部被转化为电压。直接测量 A/F 传感器或 ECM 插接器接线处的电压会发现电压是恒定的，因此，如不使用智能测试仪就无法确认 A/F 传感器输出电压。该传感器电压用来给 ECM 提供反馈，以便能控制空燃比。

ECM 对偏离理论空燃比值的情况做出判断，并控制燃油喷射时间。如果 A/F 传感器故障，则 ECM 不能准确控制空燃比。

A/F 传感器为平面式，如图 3-38 所示，其与用来加热固体电解质（氧化锆元素）的加热器集成在一起。加热器由 ECM 控制。在进气量低（废气温度低）时，电流流入加热器以加热传感器，从而准确地检测氧气浓度。另外，A/F 传感器和加热器部分比常规型式传感器窄。加热器产生的热量通过氧化铝传导到固体电解质，这样就加快了传感器的启动速度。

如果检测到 A/F 传感器故障，则 ECM 设定 DTC

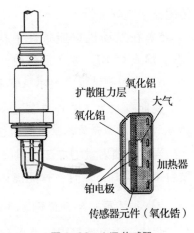

图 3-38　A/F 传感器

P2195 或 P2196。

如果 A/F 传感器电压大于 3.8V 持续 10s 或更长时间（第二行程逻辑），则设定 DTC P2195；如果 A/F 传感器电压小于 2.8V 持续 10s 或更长时间（第二行程逻辑），则 ECM 设定 DTC P2196。

过浓混合气体会造成 A/F 传感器低电流，过稀混合气体会造成 A/F 传感器高电流。因此，加速期间传感器输出变低，节气门全关的减速期间传感器输出会变高。ECM 在燃油切断期间监控 A/F 传感器电流并检测异常电流值。

如果 A/F 传感器输出电流大于或等于 3.6mA 累计 3s 以上，则 ECM 判断 A/F 传感器故障，并且设定 DTC P2195（高侧卡住）。如果 A/F 传感器输出电流小于或等于 1.0mA 累计 3s 以上，则 ECM 设定 DTC P2196（低侧停留）。

一旦设定任一 DTC，通过选择智能测试仪中的下列菜单来检查 A/F 传感器输出电压：Power train（传动系）/Engine and ECT（发动机和 ECT）/Data List（数据表）/A/F Control System（A/F 控制系统）/AFS B1 S1。此外，还可用智能测试仪读取短期燃油修正值。ECM 控制其 A1A+ 和 A1A− 端子的电压保持恒定水平，因此，如不使用智能测试仪就无法确认 A/F 传感器输出电压。

智能测试仪中，主动测试的 "Control the Injection Volume for A/F Sensor"（为 A/F 传感器控制喷油量）功能可以帮助确定 A/F（空燃比）传感器、加热式氧（HO2）传感器和其他有潜在故障的区域是否存在故障。

用智能测试仪进行 "为 A/F 传感器控制喷油量" 的操作方法如下：

1）将智能测试仪连接到 DLC3 上。

2）起动发动机，并打开测试仪。

3）以 2500r/min 的发动机转速使发动机暖机约 90s。

4）在测试仪上选择以下菜单项目：Power train（传动系）/Engine and ECT（发动机和 ECT）/Active Test（主动测试）/Control the Injection Volume for A/F Sensor（为 A/F 传感器控制喷油量）。

5）在发动机怠速条件下执行 "为 A/F 传感器控制喷油量" 功能，按下 RIGHT（右）键或 LEFT（左）键来改变喷油量。

6）监控测试仪上显示 A/F 和 HO2 传感器的输出电压（AFS B1 S1 和 O2S B1 S2）。

说明： "为 A/F 传感器控制喷油量" 的操作会使燃油喷射量降低 12.5%，或增加 25%。传感器根据喷油量的增加和减小做出反应。

当燃油喷射量增加 25% 时，智能测试仪显示的 "AFS B1 S1" 应小于 3.0V；当燃油喷射量降低 12.5% 时，智能测试仪显示的 "AFS B1 S1" 应大于 3.35V。

⚠ **注意：** A/F 传感器存在几秒钟的输出延迟。

此外，也可选择以下菜单项目：Power train（传动系）/Engine and ECT（发动机和

ECT）/Active Test（主动测试）/Control the Injection Volume（控制喷油量）。用测试仪改变喷油量，将喷油量控制在 –12% ～ +12% 的范围之内。在该范围内，可以用 1% 的梯度改变喷油量，并监控测试仪上所显示的空燃比（A/F）和 HO2 传感器的电压图形输出，如图 3-39 所示。

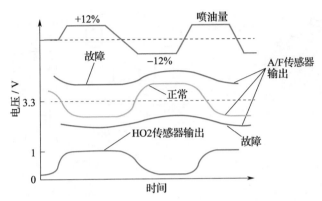

图 3-39　用测试仪改变喷油量时空燃比（A/F）和 HO2 传感器的电压图形输出

根据燃油喷射量的增加和减少，HO2 传感器将会输出正常电压。如果 HO2 传感器显示为正常反应，但 A/F 传感器电压仍保持在小于 3.3V 或大于 3.3V，则 A/F 传感器存在故障。

当判定空燃比浓的时候，应考虑引起燃油系统喷油量增大，或者连续喷油的因素，主要有各传感器范围 / 性能问题、与传感器系统的地线接触不良、喷油器滴漏等。

当判定空燃比稀的时候，应考虑引起燃油系统喷油量减少的因素，主要有各传感器范围 / 性能问题、燃油压力低、与喷油器系统的地线接触不良、氧气传感器系统故障（信号显示混合物浓）、由于积炭燃油被吸收等。

11. 双质量飞轮

在手动变速器车辆上，发动机燃烧过程的周期性会使传动系统内产生扭转振动。手动变速器车辆可能会产生变速器噪声而且可能会传递到车身上。为了避免出现这种情况，可以采用双质量飞轮。双质量飞轮的作用如图 3-40 所示，它能使与变速器相连的质量块速度均匀，即保证手动变速器输入轴运转平稳。

双质量飞轮将传统飞轮的质量块一分为二。一部分与发动机固定连接在一起并增加发动机惯量，这是初级侧；另一部分与变速器连接并增加变速器惯量。通过橡胶与减振系统使两个飞轮质量相互连接，从而使发动机和变速器的飞轮质量分离。

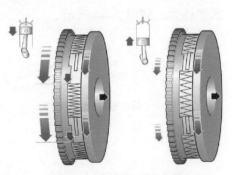

图 3-40　双质量飞轮的作用

其功能与扭转减振器功能相似。与发动机相连的飞轮质量块承受发动机做功、压缩各冲程的不平稳运动时，在发动机转速不变的情况下，与变速器相连的质量块速度保持不变。

双质量飞轮的一般结构如图 3-41 所示，其在车上的传动示意图如图 3-42 所示。

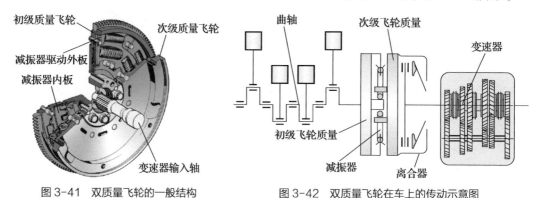

图 3-41　双质量飞轮的一般结构　　　图 3-42　双质量飞轮在车上的传动示意图

12. 发动机平衡轴

所有运动的零件都应该是平衡的。不平衡的旋转零件工作时就像洗衣机里的衣服全部在缸桶的一边一样，其结果是引起振动和使零件磨损。在直列 4 缸发动机内，1 号和 4 号气缸、2 号和 3 号气缸的曲轴转角相隔 180°，因此，前 2 个气缸的活塞和连杆的惯性力与后 2 个气缸的惯性力几乎互相抵消。但是，由于活塞达到其最高速度时的位置位于从行程中心指向上止点处，即位于上半行程中（见图 3-43），因此，活塞在上止点换向时的减速度比在下止点时的大，活塞产生的向上的惯性力也就大于向下的惯性力。曲轴每转一圈产生 2 次不平衡的二次惯性力，如图 3-44 所示。

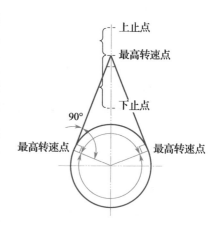

图 3-43　活塞的最高速度位置
位于上半行程

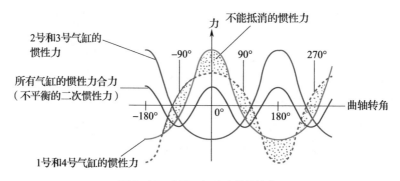

图 3-44　直列 4 缸产生的惯性力

直列 4 缸发动机的二次振动可以通过 2 根具有配重的平衡轴来消除。2 根平衡轴以曲轴转速的 2 倍旋转并产生反方向的惯性力以抵消不平衡的二次惯性力。此外，平衡轴实际上由反方向旋转的 2 个轴组成，以抵消平衡轴自身产生的惯性力，如图 3-45 所示。

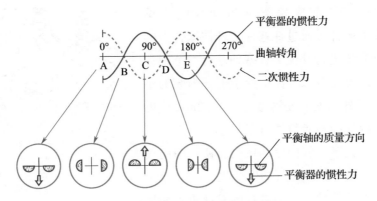

图 3-45 平衡轴在各曲轴转角的质量方向

图 3-46 所示为丰田汉兰达 1AR-FE 发动机的平衡轴结构。曲轴直接驱动 1 号平衡轴。从动侧采用树脂齿轮以抑制噪声和减轻重量。

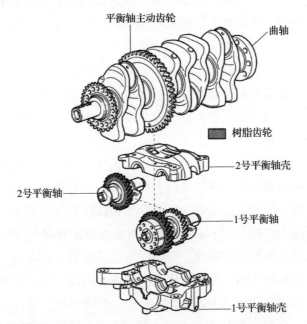

图 3-46 丰田汉兰达 1AR-FE 发动机的平衡轴结构

具有平衡轴的发动机转动非常平稳，但平衡轴的正时必须绝对准确。在安装平衡轴时，必须保证其安装正时。

13. 气门间隙与气门弹簧

气门间隙过小，将引起气门早开迟闭，气门关闭不严；气门间隙过大，则充气不足，排气不畅，功率下降。因为气门主要通过气门导管和气门座处散热，气门间隙变小后，不能产生足够的冷却效果，气门会损坏。

采用液力挺杆的发动机通常不需要调整气门间隙，但在安装前应检查气门杆高度（见图3-47）。液力挺杆可通过柱塞在挺杆柱塞孔中的移动对气门杆高度进行补偿。柱塞的总行程范围一般为3～4mm，通常出厂时柱塞处于挺杆内腔的中间，因此，气门杆高度的变动量为1.5～2mm或更大时，就会导致气门不能与气门座贴合。

气门锥面的光磨、气门座的铰削会使气门向气门杆尾端方向移动，使气门杆高度变化。

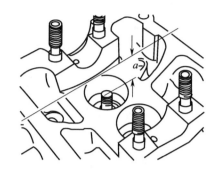

图3-47 检查气门杆尾端距缸盖上平面的高度

对采用下置凸轮轴、液力挺杆的发动机，如果气缸盖下平面修整过量，也会导致气门不能与气门座贴合，从而出现怠速抖动的现象。这就能够解释为什么有的发动机（如丰田3Y）在大修后热车怠速发抖、个别缸工作不良了。因为大修进行了气门锥面的光磨、气门座的铰削以及气缸盖下平面的光削，使个别气门轻微漏气。此时，可以把各缸活塞分别摇到压缩上止点，用手指捏住这缸的气门推杆，应能轻轻转动，如阻力很大就说明对应的气门已不能全闭了。一般要磨削该气门的尾端部，也可将推杆稍稍磨短零点几毫米，问题便得以解决。

正常情况下，机油压力对液力挺杆内柱塞产生的推力远小于气门弹簧的弹力，但当气门杆高度变化时，气门弹簧安装高度也发生变化，同时机油压力因限压阀卡死而过高时，气门就可能变得不密封了。

有些发动机采用了强制式气门旋转机构，以确保气门边缘各处温度相等。由于排气门温度更高，所以很多发动机只在排气门上装有气门旋转机构，安装时注意不要装错。

气门弹簧弹力过小会造成高速时气门漂浮（在高速时气门处于打开状态，而不是随凸轮轴的转动而开闭），这样气门与气门座之间的间隙最容易引起气门烧蚀。气门漂浮甚至还可能造成气门头部与活塞碰撞、气门头弯曲或断裂，或者引起活塞破裂。

气门弹簧变软会影响传热，这将导致气门锥面的损坏。气门弹簧弹力过小会使气门在气门座上跳动（落座反跳），因而还会加速气门座的磨损。弹力过小时，气门弹簧的端部常常发生磨损。任何一个装到气缸盖上的弹簧，用手触碰仍感到松软都应该更换。气门弹簧垂直度误差太大会造成气门导管严重的不均匀磨损。

如果排气门导管出现严重磨损，那么还应对相应的气门弹簧进行细致的检查。高温废气会沿着排气门导管上窜，从而对排气门弹簧进行加热，使其弹力下降。这种弹力下降的排气门弹簧比其他弹簧要短。排气门导管的磨损会使曲轴箱压力升高。

对于目前很多发动机上使用的滚子式气门摇臂（见图3-48、图3-49）来说，有的发动机在气门卡滞的情况下，气门间隙过大，甚至可能会从气门间隙自动补偿器（液压式气门间隙自动调整器）上脱落下来，掉在旁边。图 3-50 所示为一卡罗拉 2ZR-FE 发动机的进气门摇臂脱落，故障也可能是由于气门间隙自动补偿器机油压力未建立时（如停机时间过长再次起动后），驾驶员就立即急加速导致，此时气门无法开闭，气缸无法工作，如继续使用，则气门在随后的工作时可能逐渐回位。如果这时去检测气缸压力的话，则气缸压力仍有可能符合标准，这就给故障诊断带来一定难度，所以当检查各缸点火、喷油、气缸压力正常但某缸仍存在工作不良时，应拆下气门室盖检查气门间隙等。如果排气门摇臂脱落导致排气门不能打开，则检查气缸压力时气缸压力应是正常的，甚至还可能比其他缸更高一点。如果进气门摇臂脱落导致进气门不能打开，则检查气缸压力时就要多次检测，以最低的那次为准，因为它的值与发动机停机时该气缸所处的行程有关。如果处于进气或压缩行程开始之时，那么此时拆下火花塞安装压力表，应会有一次有效的压缩，有可能高达 700 ~ 1000kPa；如果检测处于压缩行程后排气行程前，那么因为缸内气体被排出而进气门无法打开，所以没有气体进入气缸，导致测得的气缸压力很低。检测气缸压力的方法如图 3-51 所示，应多次测量并加以仔细分析。

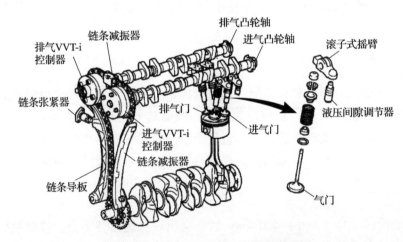

图 3-48　采用滚子式气门摇臂的配气机构

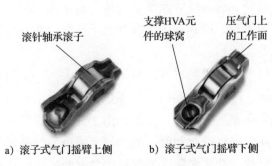

a) 滚子式气门摇臂上侧　　b) 滚子式气门摇臂下侧

图 3-49　滚子式气门摇臂

图 3-50　脱落的滚子式气门摇臂

图 3-51　检测气缸压力的方法

图 3-52　脱落进气门摇臂后气缸压力实测值

图 3-52 所示即为图 3-50 所示的发动机进气门摇臂脱落后多次测量后的实测值。此外，气门摇臂中的滚子轴承磨损严重的话，将导致在发动机工作时气门开启升程太小且气门晚开早关，使发动机进气不足或排气不畅等，有时无法形成可燃烧的混合气，致使发动机单缸失火，发动机抖动、动力下降。对于带有可变气门升程装置的发动机来说，怠速及低速时故障现象可能更明显，因为低速时可变气门相位及气门升程装置使气门工作在小的气门持续角及小的升程状态。

14. 可变配气正时机构

现在很多发动机上都带有可变配气正时机构，它们通常具有一个电磁阀，机油太脏等原因可能引起电磁阀卡滞，造成怠速抖动。怀疑其卡滞时，可在电磁阀上轻轻敲击，这样有可能使它回位。发动机怠速时，直接给该凸轮轴正时通电以调整电磁阀，此时怠速会抖动，说明系统正常。具体结构原理请参见"动力不足故障的诊断"。

15. 气门积炭

发动机长时间工作（2 万 ~ 4 万 km）后，会出现怠速运转不稳、排放超标甚至时常熄火的故障。这是因为发动机在长期使用后，特别是发动机长期在中低负荷工作，会在发动机进气门、气缸燃烧室、活塞、活塞环、进气歧管及节气门体等处形成积炭。出现此种情况后，发动机工作时会表现为怠速不稳、冷起动困难及加速不良等，而导致故障的原因是发动机没有及时进行清洁与保养。

在各部位形成的积炭中，进气门后部形成的积炭对发动机的影响最大。一方面它影响了发动机的最大进气量与瞬时进气速度，降低了发动机充气系数，致使发动机功率严重下降，从而导致发动机加速不良及最高车速下降。另一方面，由于进气门后部积炭形成温度低，多数形成多孔形结构。这样在发动机冷起动时，喷油器所喷出的部分雾化不良，燃油便被进气门上的多孔状积炭所吸收，造成实际进入气缸内的燃油过少，导致空燃比偏低。只有经多次起动使进气门上的积炭饱和，混合气达到冷起动要求的浓度时，发动机才能起动。而随后当发动机正常运转后，在进气流及发动机温度的影响下，气门积炭上所吸附的燃油又会蒸发，这又将使得进入气缸内的混合气过浓，造成发动机暖机怠速短时不稳（转速过低），之后一切正常。而当由加速回到怠速时，也是由于气门积炭的吸附作用，会造成发动机怠速游车。

气门积炭还会影响发动机的尾气排放，使混合气的调节明显偏慢，CO 及 HC 数值变化过大，有时甚至超标。当用故障诊断仪读取氧传感器数据时，氧传感器信号电压会在 0.1 ~ 0.9V 之间变化（正常时为 0.3 ~ 0.7V）。因此，当发动机出现怠速不稳、游车、加速不良及氧传感器信号电压在 0.1 ~ 0.9V 之间变化时，不应急于更换相关传感器，应首先清洁进气门积炭、气缸积炭和进气歧管等。对于积炭的清除，可采用免拆清洗设备进行，也可进行人工清洁。当保证发动机足够清洁，重新设定怠速（节气门体匹配）后，故障应能排除。

16. 发动机支座

发动机支座橡胶老化、破损均有可能导致车身、仪表板、转向盘、换档杆和座椅稍有振动，有些是连续振动，有些是断续振动。这些振动在车辆怠速运转不良时便能感觉出来，有的在稍高于怠速时较为明显，但当发动机加速到超过一定转速后振动便停止，这也可能是发动机悬置传递振动。

尽管发动机支座零件较小，但其对于控制噪声、振动和不平顺性还是重要的，它们把发动机这种最大振动源连接到车身上。通过这些支座，发动机振动被传递给车身，轮胎噪声也被传递给发动机，从而引起发动机与这些零件发生共振。

发动机支座主要有压缩型、剪切型、圆柱型、开槽圆筒型和流体型（复合充液型）等，如图 3-53 所示。

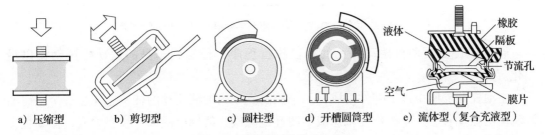

a) 压缩型　　b) 剪切型　　c) 圆柱型　　d) 开槽圆筒型　　e) 流体型（复合充液型）

图 3-53　各种型式的发动机支座

压缩型支座用橡胶隔离件的弹性吸收垂直方向的振动力。剪切型发动机支座可以吸收横向振动力。圆柱型发动机支座采用衬套式，在内筒和外筒之间有一个橡胶隔离件，呈夹层形式。开槽圆筒型发动机支座是筒内开槽的一种筒式支座，在各个方向具有良好的弹性常数，目前使用较为广泛。

流体型（复合充液型）发动机支座在橡胶壳体内充有液体。振动量小时，液体从小孔流出，并通过小孔回到储液腔里，从而提高减振能力，减小振动。振动量大时，悬架橡胶弹性下降使弹性常数（稳定性）下降，从而提高隔振效果。

本田 Accord 轿车采用主动控制发动机支座（ACM）系统减少了引起发动机噪声传到乘员厢中的发动机振动，如图 3-54 所示。它使用发动机前部和后部的两个新的电子控制支座，即 ACM。这两个支座都由 ACM 控制单元进行控制，该控制单元从 ECM/PCM 接收信号。主动控制支座是一个充液式发动机支座，由一个上密封液体室和一个下线性电磁阀驱动室组成。驱动电磁阀能使柱塞移动，从而向密封液体加压和减压。

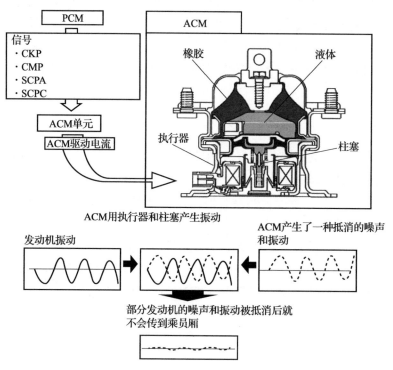

图 3-54　本田 Accord 轿车的主动控制发动机支座（ACM）系统

通过执行与发动机振动相反的相位执行程序，传送到车身的发动机振动得以最小化。

主动控制支座由以下部件组成：一个控制支座内油液流动的柱塞总成、一个阻碍油液流动的振动板、一个操作柱塞总成的线性电磁阀、线性电磁阀、柱塞总成、振动板支座橡胶。

ACM 单元使用曲轴和凸轮轴位置传感器来消除急速时的发动机振动。

ACM 系统由 ACM 执行器、发动机支座控制单元和动力系统控制单元（PCM）组成。

PCM 将曲轴位置（CKP）传感器信息和凸轮轴位置（CMP）传感器信息发送到 ACM。ACM 利用这个信息来预测由发动机产生的振动。

然后，ACM 系统利用 ACM 执行器产生一种像主动噪声控制（ANC）一样运行的抵消振动，并减少乘员厢中的噪声和振动。

当 ACM 故障时，比如存在主动控制支座电磁阀断路，客户可能会投诉他们的车辆有振动故障。

在这种情况下，发动机怠速不受影响，会设置一个和动力系统相关的 DTC，但不点亮 MIL。MIL 之所以不点亮，是因为当故障存在时，ACM 系统不影响排放水平。

17. 汽油发动机怠速不稳检查口诀

汽油发动机怠速
不稳诊断口诀

排气管，突突声，引擎抖，是缺缸。

或断火，或断油，试验证。查点火，查喷油，易先查。

真空管，莫接错。疑漏气，化清剂。

点火角，不准确。废气阀，乱工作。

节气门，怠速阀，需清洗，设定它。

空燃比，要合适。故障码，数据流。

看闭环，测尾气。细分析，判浓稀。

气缸压，若过低，是漏气，或气门，或缸垫，活塞环。

缸压值，也正常，排气门，打不开，看摇臂，已脱开；

查配气，看正时，气门隙，小和无。

正时阀，已发卡。平衡轴，支架垫，需检查，视情换。

解释如下：

汽油发动机怠速运转时排气管发出"突突"声，同时发动机抖动，应是缺缸故障，即有个别缸工作不良。

汽油发动机怠速
不稳诊断口诀的
应用

可以通过断火或者断油的方法加以验证。传统的断火试验就可帮助我们找出不工作的气缸，在无分电器双缸同时点火的点火系统中，为做到安全断火，点火线圈高压插孔露在外面，可事先（发动机熄火状态下）用回形针或类似金属丝别在点火线圈高压线插孔上，再插上高压线，回形针有一部分露出在外，用一条导线一端搭铁，一端去靠近回形针露出部分，以检查气缸的工作情况，如图 3-55 所示。若是各缸独立点火的无分电器点火系统，可断开点火线圈低压插头来检查，也可断开各缸喷油器插头来检查气缸的工作情况。当然，也可以用诊断仪上的"主动测试"功能对各缸分别进行停止喷油的测试，以此来检查各缸工作情况。在断缸试验的瞬间，发动机转速应下降，各缸引起的转速降应大体相同，如果断开某缸，转速下降明显低于其他缸，

发动机怠速不稳
故障诊断示例

则这个缸工作不良。如果个别缸确实不工作，则检查该缸是否点火以及是否喷油，视发动机不同，点火及喷油哪个容易检查就先对其进行检查。

图 3-55　无分电器双缸同时点火的点火系统断火试验方法

此外，还要检查真空管路有没有接错，出现张冠李戴的现象等。如果怀疑进气系统（空气流量计后方、进气歧管等）漏气，最直观的检查方法是使发动机处于怠速状态，在进气歧管附近被怀疑漏气的地方喷化油器清洗剂，观察发动机转速有无变化。如果转速改变，则说明存在漏气，应做进一步检查，如图 3-56 所示。

检查点火提前角是不是准备无误。一般先用诊断仪读取数据流中显示的点火提前角数值，必要时用点火正时枪检查点火提前角，如图 3-57 所示。

图 3-56　喷化油器清洗剂检查真空泄漏　　　图 3-57　用点火正时枪检查点火提前角

如果带有排气再循环装置，应检查怠速下排气再循环阀是不是不能完全关闭。

检查节气门体、怠速控制阀是否积炭、过脏，如过脏，则需仔细清洗，再按原厂规定程序进行怠速基本设定及自学习。

空燃比过稀或过浓都会导致怠速不稳，因此要通过各种手段检查空燃比是否合适。一般先通过诊断仪读取故障码及数据流来查找故障，按故障码及数据流的提示进行故障排除。为判断空燃比是否合适，可以通过诊断仪读取氧传感器或空燃比传感器信号。

检查气缸压缩压力，若个别缸存在过低的情况，则气缸密封不良，可能是气门漏气，或缸垫损坏、活塞环磨损导致与缸壁之间密封不严等。

⚠ 注意：检查气缸压缩压力时应多次测量，有时第一次测量的数值会不准确，如某缸进气门因摇臂脱落而完全不能开启，且拆下火花塞准备测量气缸压力时，该缸正好处于压缩行程的下止点，气缸因拆开火花塞而充满空气，此时测量气缸压力就会发现气缸压力基本正常，尽管之后的排气行程把气排出也不再进气，而气缸压力表上的单向阀将保持压力值读数。此时应按下气缸压力表上的排气阀将数值归零，然后再测量几次，如果气缸压力过低，则应为进气门打不开。

检查气缸压缩压力，若缸压正常，应怀疑不工作的气缸的排气门可能无法打开，可拆开气门室盖，观察气门摇臂是否脱落等；必要时检查配气正时记号是否对准，以及配气相位是否正确。检查气门间隙是否过小或者没有间隙，这可能会导致气门关闭不严，并影响配气相位。

检查可变配气机构的正时控制阀是否存在发卡现象。如有平衡轴，还应检查平衡轴安装是否正确。检查发动机的各个支架垫是否破损，并视情况进行更换，图 3-58 所示为换下来的已老化开裂的支架垫。

图 3-58　老化开裂的支架垫

第四章

发动机怠速过高故障的
诊断与排除

一、 怠速过高故障的诊断

1. 故障现象

发动机冷车时能以正常快怠速运转，但热车后仍保持快怠速，导致怠速转速过高。

2. 故障原因

1）节气门卡滞，关闭不严。

2）怠速调整不当。

3）附加空气阀故障。

4）怠速控制阀卡滞或控制电路故障。

5）电子节气门控制系统不良。

6）冷却液温度传感器故障。

7）空调开关、动力转向器压力开关有故障。

8）曲轴箱强制通风阀故障。

9）进气系统中有漏气。

10）发电机充电电压过低。

3. 故障诊断与排除的一般步骤

怠速转速过高主要是怠速时进气量过多或发动机控制信号错误。造成怠速转速过高的原因有进气温度传感器、冷却液温度传感器、节气门位置传感器、空气流量计（或进气歧管绝对压力传感器）故障、开关信号故障、怠速控制阀故障、节气门体故障、喷油器故障、真空漏气，发动机控制单元故障或匹配设定问题等。排除怠速异常偏高的故障时，应进行以下步骤：

1）目视检查：线束接头、真空管松动脱落等。

2）检查怠速时节气门是否全关闭，节气门拉索有无卡滞。用手将节气门摇臂朝关闭的方向扳动，如果发动机怠速能下降至正常转速，则说明节气门卡滞，关闭不严。若节气门拉索卡滞，则应更换拉索；若节气门轴卡滞，则应拆卸、清洗节气门体。

3）按该发动机的规定程序，重新调整怠速，对发动机ECU进行重新设定。所谓对发动机ECU进行重新设定，即清除发动机ECU中的故障记忆，让其重新学习怠速。对于大多数电控发动机，当发动机达到正常温度，怠速阀全关闭时，基本怠速转速设为（500±50）r/min。如调整、设定无效，则应做进一步的检查。

4）对采用进气压力传感器检测进气量的发动机来说，检查进气系统管接头、真空软管等处有无漏气。

5）进行故障自诊断。如有故障码，则按所显示的故障码查找故障原因。有条件可进一步读取动态数据流，主要观察发动机的负荷信号、怠速控制阀开度或控制步数、发动机进气系统压力信号、水温信号、各开关信号等。

6）检查冷却液温度传感器。若拔掉冷却液温度传感器线束插头后，发动机怠速转速恢复正常，说明冷却液温度传感器有故障，向ECU输送过低的冷却液温度信号。值得注意的是：在拔掉冷却液温度传感器插头后，发动机故障警告灯会亮起，此时ECU的失效保护功能起作用，自动将冷却液温度设定为80℃。在重新插上冷却液温度传感器线束插头后，ECU内仍会留下表示冷却液温度传感器故障的代码。对此，可接上检测仪将故障码消除，或在发动机熄火后拆下发动机ECU熔丝，持续约30s，以消除ECU中的故障码。

7）用钳子将包上软布的曲轴箱强制通风阀软管夹紧。如果发动机转速随之下降，则说明曲轴箱强制通风阀在怠速时漏气，使发动机进气量过大，影响怠速。对此，应更换曲轴箱强制通风阀。

8）检查附加空气阀。用钳子将包上软布的附加空气阀进气软管夹紧。如果发动机怠速转速能随之下降至正常转速，则说明附加空气阀在热车后不能关闭。对此，应检查附加空气阀电源线路是否正常。如正常，则应更换附加空气阀。

9）检查怠速控制阀或节气门执行机构。发动机熄火后拔下怠速控制阀线束插头，待起动后再插上。如果发动机转速随之变化，则说明怠速控制阀工作正常；否则，应检查控制线路或更换怠速控制阀。按维修手册检查节气门执行机构。

10）在打开空调开关后或转动转向盘时，如果发动机转速没有进一步升高，则说明怠速自动控制系统有故障，应检查空调开关、动力转向器压力开关及怠速自动控制线路。

11）检查点火正时。如果点火正时偏早，则会导致怠速转速偏高。

如果长时间蓄电池电压过低，则发动机怠速转速也会居高（如发电机传动带打滑，造成充电不足，发动机起动后怠速转速偏高不下）。因此，发电机充电电压低于12V时，应检修充电系统。

二、　怠速过高故障诊断、排除的相关要点

汽油发动机怠速过高检查口诀

怠速高，怎么查？

混合气，进缸多。

进气道，有哪些？

节气门，怠速阀、旁通道，附加阀、转向阀、通风阀。

进气管，漏真空。节气门，不回位，怠速阀，已发卡，清洗后，需设定。

疑电路，仔细查。冷却液，信号查。

发电机，充电量，电负荷，开空调，挂档位，打转向，各信号，要检查。

正时阀，执行器，积炭多，会发卡。点火早，需调整。

调怠速，要学习，按要求，严执行。换电脑，试一试。

汽油发动机怠速
过高诊断口诀

解释如下：

汽油发动机怠速过高怎么检查呢？怠速转速过高的根本原因是怠速时进入气缸的混合气数量较正常时有所增多。

进气通道有哪些呢？主要有节气门通道、怠速控制阀通道，有的车还有怠速的旁通气道、冷起动怠速附加阀通道、转向提速空气阀通道、曲轴箱通风单向阀通道、燃油蒸发控制（EVAP）系统通道等。应逐一检查这些通道是否存在多进气的情况。

汽油发动机怠速过
高诊断口诀的应用

如果进气歧管存在真空泄漏，则对于采用进气歧管绝对压力传感器检测进气量的发动机来说，可能导致怠速过高。如果怠速时节气门开度过大，则应检查节气门拉索有无卡滞，用手将节气门摇臂朝关闭的方向扳动，如果发动机怠速能下降至正常转速，则说明节气门卡滞，关闭不严。若节气门拉索卡滞，则应更换拉索；若节气门轴卡滞，则应拆卸、清洗节气门体。若是电子节气门卡滞也应清洗，若开启角度过大，则应检查其控制系统。检查清洗怠速控制阀或节气门体后，还应按该发动机的规定程序，重新调整怠速，对发动机ECU进行重新设定。所谓对发动机ECU进行重新设定，即清除发动机ECU中的故障记忆，让其重新学习怠速。

若怀疑控制电路故障，则应按电路图或维修手册仔细检查。检查冷却液温度信号是否错误。

检查发电机的充电量。如果长时间蓄电池电压过低，则发动机怠速转速也会居高。检查电负荷信号是否错误送给ECU，检查空调开关、自动变速器的档位信号、动力转向器压力开关信号是否正常。

检查可变配气机构的正时控制阀及执行器是否因积炭多而发生卡滞现象，如发生卡滞，则也有可能导致怠速过高。检查点火正时，如果点火正时偏早，则会导致怠速转速偏高。如有可能，则应调整点火正时。

如果该发动机的怠速转速可以调整的话，则应按该发动机的规定程序，重新调整和设定，进行怠速转速控制的自学习。这些程序应严格执行。如有必要，则应更换ECU，观察故障是否排除。

第五章

发动机加速不良故障的诊断与排除

一、 加速不良故障的诊断

1. 故障现象

踩下加速踏板后发动机转速不能马上升高，有迟滞现象，加速反应迟缓，或在加速过程中发动机转速有轻微的波动，或出现"回火""放炮"现象。

2. 故障原因

加速不良的原因主要是空燃比不当，点火性能和密封性能变差。

1）稀混合气，燃油泵油压低，喷油器、汽油滤清器、进气歧管真空泄漏等。

2）节气门位置传感器、加速踏板位置传感器或空气流量计、进气歧管绝对压力传感器故障。

3）点火提前角不正确。

4）火花塞或高压线不良、高压火花弱。

5）排气再循环系统工作不良。

6）排气管有堵塞现象。

3. 故障诊断与排除的一般步骤

1）进行故障自诊断，检查有无故障码。空气流量计、节气门位置传感器、加速踏板位置传感器等故障都会影响发动机的加速性能。通过利用专用诊断仪以及观察动态数据流，按故障码和动态数据查找故障原因。

2）检查点火正时。怠速时，点火提前角通常为 $10°\sim15°$，或为维修手册规定数值。如不正确，则应调整发动机的初始点火提前角。加速时，点火提前角应能自动加大到 $20°\sim30°$。如有异常，则应检查点火控制系统。

3）测量各缸高压线电阻并拆检各缸火花塞。若电阻大于 25kΩ，或高压线外表面有漏电痕迹，则应更换。观察火花塞间隙和颜色，调整间隙或更换火花塞。必要时用点火示波器检查点火系波形，确认有无故障。

4）检查进气系统有无漏气。用真空表测量并结合在进气歧管附近喷化油器清洗剂的方法检查是否漏气。

5）检查燃油压力。怠速时，燃油压力应为 250kPa 左右或符合原厂规定；加速时，应上升至 300kPa 左右或符合原厂规定。如油压过低，则需检查油压调节器、汽油滤清器和汽油泵等。

6）用示波器检查空气流量计、加速踏板位置传感器、节气门位置传感器的输出电压波形，如有异常，则应更换。

7）拆卸、清洗各喷油器。检查喷油器在加速工况下的喷油量。如有异常，则应更换喷油器。

8）检查排气再循环系统的工作情况。

9）检查排气管是否有堵塞现象。

以上程序须全部检查完成，确保排除同时存在几个故障原因的故障。

二、 加速不良故障诊断、排除的相关要点

1. 发动机加速不良的常见原因分析

发动机加速不良通常是由于混合气过稀、过浓，点火系统故障，发动机机械系统故障等原因引起的。

造成上述故障的具体原因有：燃油系统油压过高或过低，喷油器喷油不良，传感器信号错误，点火高压低、能量小，点火正时不正确，气缸压缩压力低、排气管堵等。

发动机加速不良的一般现象有：踩下加速踏板，发动机加速迟缓，转速不能迅速上升；或者踩下加速踏板，发动机转速不但不上升反而下降甚至熄火；加速瞬间出现发动机明显抖动、振动现象。踩下加速踏板，节气门开度增加，进气量增加，发动机 ECU 根据进气量和节气门位置传感器信号和信号变化率来修正喷油量。如果踩下加速踏板，进气量增加少修正增加喷油量也少，或喷油器喷油量增加迟缓或量少，那么加速就迟缓；如果踩下加速踏板，进气量急剧增加，但由于传感器信号出错，喷油器喷油量不增加或增加量少，或点火高压弱，就会使发动机转速下降。

如果发动机在加速过程中，转速只是波动一下，而后马上可以加速到高速，且能较长时间维持高速运转，这一般是在加速过程的瞬间出现了断火现象，则应重点检查点火系。

如果踩下加速踏板，发动机转速不升反降，很难加速到高速，则一般为混合气过稀

及高压火花弱，当然也可能是排气管堵塞，以混合气过稀最为常见。此时，我们可在进气系统合适的地方（空气滤清器处、节气门处、真空管处，视机型而定）一边喷点化油器清洗剂，一边迅速开启节气门，若此时发动机转速可迅速提高则为混合气过稀。如果提高转速易熄火，且有时进气管回火，有时排气管放炮，则很可能为高压火花弱、加速断火，也可能为点火错乱，如何区分呢？点火错乱引起加速时回火、放炮，同时怠速时发动机发抖，排气管有"突突"声，甚至怠速时放炮，这在不同发动机上有不同程度的体现；如果怠速运转平稳，加速时回火、放炮，则一般是高压火花弱或断火。这可简单记为：

提高转速易熄火，过稀高压火花弱。

化清剂来喷一喷，变好过稀莫放过。

回火、放炮均存在，高压火弱或断火。

如果用喷化清剂的方法确认故障原因为混合气过稀，则应从燃油压力低和导致喷油量减小的可能原因入手检查。

2. 对进气管回火的分析

进气管回火是指混合气在进气歧管内燃烧，燃气从进气口喷出的一种故障现象。造成进气管回火的原因很多，涉及供油系、点火系和机械故障及电控等各个方面。

1）在供油系，进气管出现回火是由于燃油供应不足，混合气过稀引起。混合气过稀使混合气燃烧速度减慢，燃烧一直延续到排气冲程终了进气门开启的时候，新鲜混合气遇到气缸内未排净的燃烧气体而被点燃，并逆流经进气歧管从进气口喷出而回火。

2）在点火系，进气管出现回火是因为点火过晚或火花质量差，一方面使开始燃烧的时刻推迟；另一方面也会使燃烧速度减慢，从而导致燃烧一直延续到进气门开启，引起进气管回火。同时伴随的现象还应有：发动机加速时转速提高缓慢，急加速时回火现象明显，有时缓加速时也有回火现象，同时排气管排气声发闷，发动机温度易升高。

如果在进气管回火的同时，机体抖动严重，排气管放炮，发动机功率严重下降，则多是因为点火错乱。由于点火错乱，当某缸处于进气冲程进气门开启，恰好该缸火花塞点火，则会形成进气管回火。如果检查确认各缸分高压线没有插错，则多为分电器盖击穿，需要引起注意的是分电器盖存在轻微击穿时，一般情况下发动机在无负荷空转时工作正常，但在热车重负载爬坡时有回火现象，且回火时动力明显下降。

如果发动机空转时工作正常，急加速或急减速时有时回火，高速行驶时有不规则的回火现象，在不平道路上行驶时回火频繁，则可能是点火器等搭铁不良或点火系某传感器松动等。搭铁不良的点火器，当发动机振动较大使点火器不搭铁时，相当于低压回路断开，产生高压电，若分火头正好指向某个处于进气冲程的气缸，则会引起进气管回火。

对于无分电器双缸同时点火的点火系统来说，急加速时出现回火现象还有一个常见的故障原因，那就是火花塞不良，在检查高压线无漏电、断路后，试换火花塞是一个较好的措施。

3）机械及电控故障。如果发动机低速运转时进气管回火，排气管有"突突"声，转速提高后症状减轻。检查某缸气缸压缩压力比正常值是否低 0.2MPa 以上。若将此缸断火，回火现象消失，则某缸进气门密封不严。由于进气密封不严，该缸做功时，燃烧的高温气体便会通过进气门进入进气歧管，引起进气管回火。因为发动机转速提高后，气门的相对漏气率降低，因此回火现象在低速时明显，高速时减轻。

如果发动机工作时，连续有节奏地出现回火，同时动力下降，而某缸断火后，回火现象消失，则多是某缸排气门因某种原因无法开启或开度过小。由于排气门不能完全开启，使得该缸废气不能及时完全排出，在进气门开启时，尚未排出的高温废气便进入进气歧管，引起进气管回火。

如果发动机工作时，进气管连续回火，低速时更明显，而相邻的两缸中某缸断火，回火现象消失，则可能是因为相邻两缸之间的气缸垫烧穿。

4）电控失调或元件及线路有故障，也会导致混合气过稀，进气管回火放炮。

3. 燃油压力的检测

在电控燃油喷射发动机中，燃油泵及其控制电路的故障将直接影响到发动机能否着车及发动机的性能，因此对燃油泵及控制电路的检修是电喷发动机检修的重要内容之一。

燃油系统油压的检查：

1）将系统残余油压泄掉，将油压表接入管路中。

2）分别在以下条件（工况）下检查油压：

①静止油压。打开点火开关但不发动车，ECU 将控制油泵工作 2～3s，配备叶片式空气流量计的电喷发动机可跨接油泵使之运转 2～3s。

②起动工况油压。

③怠速工况油压。

④正常运行工况油压。

⑤系统最高油压。检查系统最高油压时可将回油管夹住，使回油管停止回油，此时压力表指示油压应比没夹住回油管时高出 2～3 倍，否则油泵性能下降，泵油压力不足。

⑥管路油压回落检查。将各缸喷油器电线插头插下，接通点火开关并连续起动 15s，记下油压表所指示的压力，待 30s 后再次观察油压表指示的压力，其值不应回落。若油压有明显的回落，再次起动 15s，然后夹住油压调节器回油管，若 30s 后油压不再回落，则说明油压调节器泄漏。如果夹住回油管油压仍然下降，则再起动 15s 后夹住油压调节器的进油口，此时油压不再回落，说明喷油器泄漏。

必要时检查油泵油量。如果燃油泵油量少于规定值，则检查油管、滤清器是否有节流，检查油管是否漏气。如果管线、燃油滤清器都正常，则检查转动油泵的电压，油泵电压偏低会导致油泵油量偏少。如果管路、燃油滤清器、油泵电压都正常，则应更换油泵。

⚠️ **注意**：如果燃油压力偏低，则一定要在诊断油泵故障之前，把燃油滤清器、油管是否有节流作为故障原因来检查。有些情况下，油箱内的水和脏物盖住、堵死油泵进油口处的进油滤层，以致燃油供应中断，发动机停车。这类故障通常发生在高速时。当测试油泵压力时，务必留心这类问题。

现在很多轿车的燃油系统为无回油路燃油系统，它与电控发动机传统燃油供给系统有一些不同的地方。一般说来，传统燃油供给系统的燃油滤清器和燃油压力调节器都设置在发动机舱内，仅部分型号发动机有燃油压力脉动衰减器。燃油压力脉动衰减器多位于燃油分配管的进油口处，燃油压力调节器多位于燃油分配管的终端，电动燃油泵和油面位置传感器均单独安装在燃油箱中，电动燃油泵置于小油池中，小油池中始终充满燃油，以供电动燃油泵吸油和冷却。而新型的无回油路燃油系统一般将燃油滤清器和燃油压力调节器改为内置式，位于燃油箱中。在传统燃油供给系统中，燃油滤清器都位于发动机舱内。由于发动机舱内的平均温度可高达 80℃ 以上，燃油在高温下会变为蒸气而使油路产生"热气阻"现象，所以发动机会产生怠速不稳、加速不良和频繁熄火故障，而电动燃油泵则可能因负载增大而损坏。将燃油滤清器置于燃油箱中后，除了燃油滤清器不受发动机舱内高温的影响避免"热气阻"现象的发生外，还减少了外露燃油管路和油管接头漏油故障，因此还提高了燃油供给系统的可靠性。燃油滤清器一般也为改进型燃油滤清器，采用袋式滤芯，其滤清面积为以前波纹式滤芯的 40 倍，因此，袋式滤芯具有通过能力强和使用寿命长的优点，并且，滤芯的更换周期也大大延长，可以从以前的 2 万 km 延长到 4 万 km，即可以延长其维护周期。燃油压力调节器为内置式（装在燃油箱内，且淹没在燃油中），不受进气歧管真空度的控制。传统燃油供给系统中燃油压力调节器都为外置式（位于发动机舱内），它利用进气歧管真空度（在发动机不同工况下真空度的变化量一般为 50kPa）来控制燃油压力，使燃油分配管内的压力与进气歧管内的压力之差恒定（一般为 250kPa），即让喷油器在恒压差下喷油，从而使发动机 ECU 可以仅通过改变喷油控制脉冲的宽度来准确地控制喷油器的喷油量。但是，试验证明：发动机舱内的温度是随发动机的工况而变化的，燃油压力调节器和燃油分配管内的燃油会受热而气化，燃油分配管内的油压因此而产生的波动可达 66.66kPa，超过了进气歧管真空度的变化量，使进气歧管真空度对燃油压力的控制作用大大减弱。实际上，除了常温，在其他温度下很难保证喷油器在恒压差下喷油。另外，由于电动燃油泵的泵油量为供油量的 6~8 倍，所以，在发动机室内被加热的燃油大量地从燃油调节器回流到燃油箱，致使燃油箱中的燃油温度升高，这又使油路中的"热气阻"现象容易发生。在改进后的燃油供给系统中，燃油压力调节器被安装在燃油箱内，减小了发动机舱内的高温对燃油的加热作用，因此燃油箱内的燃油温度可降低约 20℃，使油路中的"热气阻"现象减少，燃油分配管内燃油压力的波动随之减小，这有利于对供油量的精确控制。在改进后的燃油供给系统中，通过设置稳压腔或利用燃油滤清器稳定供油管中的燃油压力，并且可通过采用反馈性能较好的新型宽带氧传感器使 ECU 能更精确地对混合气的空燃比进行控制。另外，由于取消了发动机舱中的回油管路，使可能的燃油泄漏部位减少，从而提高了燃油供给系统的安全性。对于这种燃油系统，其燃油压力在加速时不升高是正常的。

4. 空气流量计及线路检测

空气流量计主要有叶片式、量芯式、卡门旋涡式、热线式及热膜式 5 种。

其中，热线式空气流量计（MAF）的应用较为广泛。MAF 是测量通过节气门的空气流量的传感器，其工作原理如图 5-1 所示，在空气流量计内有一个暴露在进气气流中的加热式铂丝。通过 ECM 向铂丝施加电流，将其加热到指定的温度。进气流可冷却铂丝和内部热敏电阻，从而改变它们的电阻值。为保持固定的温差值，ECM 在空气流量计内调节施加到这些组件上的电压。电压值与通过传感器的空气流量成比例，并且 ECM 会利用该值来计算进气量。此电路经过精心设计，铂热丝和温度传感器形成桥式电路，并且通过控制晶体管，使 A 和 B 之间的压差保持相等来维持预定温度。

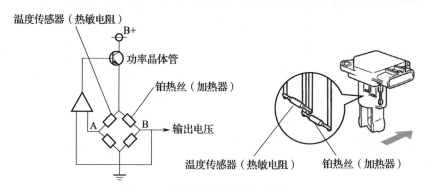

图 5-1　热线式空气流量计工作原理

当空气流量计电压低于 0.2V 或高于 4.9V 约 3s（第一行程逻辑）时，ECM 将设定故障码 P0100；当空气流量计电压低于 0.2V 约 3s（第一行程逻辑）时，ECM 将设定故障码 P0102；当空气流量计电压高于 4.9V 约 3s（第一行程逻辑）时，ECM 将设定故障码 P0103。通过智能测试仪中的 Powertrain（传动系）/EngineandECT（发动机和 ECT）/DataList（数据表）读取数据，如显示空气流量约为 0.0g/s，则故障可能为 MAF 电源电路中存在开路、VG 电路中存在开路或短路。如显示空气流量约为 271.0g/s 或更高，则 E2G 电路存在开路。

丰田 2AZ-FE 发动机的热线式空气流量计如图 5-2 所示。检查时，首先检查空气流量计（电源电压）+B- 车身接地之间应为蓄电池电压 9 ~ 14V。然后检查输出电压：断开空气流量计插接器，在传感器侧的端子 +B 和 E2G 之间施加蓄电池电压，用万用表检测端子 VG 端子 E2G 之间的电压，应为 0.2 ~ 4.9V。

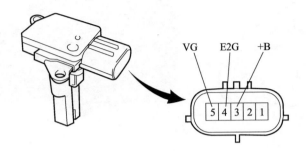

图 5-2 丰田 2AZ-FE 发动机的热线式空气流量计

5. 进气歧管绝对压力传感器（真空度传感器）的检测

常见的进气歧管绝对压力传感器为半导体压敏电阻式，其结构与原理如图 5-3 所示：

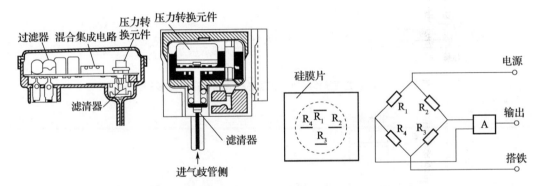

图 5-3 半导体压敏电阻式进气歧管绝对压力传感器的结构与原理

这种传感器的主要元件是硅片，硅片的外围较厚，中间最薄。硅片上下两面各有一层二氧化硅膜。在膜层中沿硅片四边有四个传感电阻。在硅片四角各有一个金属块，通过导线与电阻相连。硅片下部有一真空腔与进气管相通。硅片上的四个电阻连接成桥式电路。当进气歧管内压力变化时，硅膜片随之发生变形。这时传感器电阻的阻值也随之发生相应的变化，使桥式电路输出正比于进气压力的电压信号。电控单元根据该信号即可测出进气歧管的压力。

丰田车进气歧管压力传感器与 ECU 的连接电路及输出特性、就车检查如图 5-4、图 5-5 所示。

1）拔下传感器插头，打开点火开关，测量插头上 VCC 端子与 E2 端子之间的电压，应为 4.5 ~ 5.5V。若无电压，则应检查 ECU 上相应端子的电压。若 ECU 相应端子上电压正常，则为 ECU 至传感器之间线路故障，若无电压则为 ECU 故障。

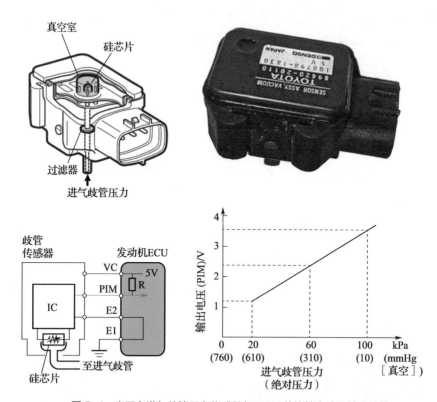

图 5-4　丰田车进气歧管压力传感器与 ECU 的连接电路及输出特性

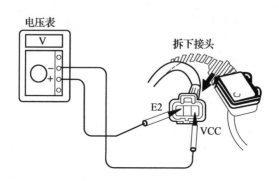

图 5-5　就车检查真空度传感器

2）插回插头，拆下传感器上的软管，打开点火开关，测量 ECU 插接器上 PIM 与 E2 端子间在大气压下输出的电压，应在 3.6 ~ 3.96V 之间。

3）对传感器施以 13.3 ~ 66.7kPa 的绝对压力，再测量 ECU 插接器上 PIM 与 E2 间的电压，应符合表 5-1 所列数值。

表 5-1　检查进气歧管压力传感器的输出电压

绝对压力 /kPa	13.3	26.7	40.0	53.5	66.7
电压 /V	0.3 ~ 0.5	0.7 ~ 0.9	1.1 ~ 1.3	1.5 ~ 1.7	1.9 ~ 2.1

6. 节气门位置传感器的检测

常见的节气门位置传感器（TPS）为线性输出型。丰田车系常用的线性输出型节气门位置传感器结构原理及输出特性如图5-6所示。节气门位置传感器内部实际上一般都设有保护电阻，如图5-7所示。

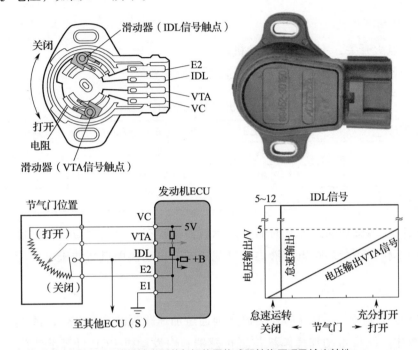

图 5-6　线性输出型节气门位置传感器结构原理及输出特性

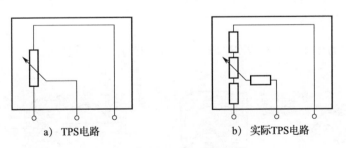

图 5-7　实际 TPS 内部电路

（1）元件检测

拔下传感器插接器插头，测量各端子之间的电阻值，应符合表5-2所示数值。如果电阻值不正常，则应更换节气门位置传感器。

表 5-2　检查线性输出型节气门位置传感器电阻

节气门开度	端子 VTA-E2	端子 IDL-E2	端子 VC-E2
全闭	0.2 ~ 0.8kΩ	0	固定值

（续）

节气门开度	端子 VTA-E2	端子 IDL-E2	端子 VC-E2
全开	2.8～8.0kΩ	无穷大	固定值
从全闭到全开	逐渐增大	无穷大	固定值

（2）在线检测

1）打开点火开关，不必起动发动机。

2）测量各端子之间的电压，应符合表 5-3 所示数值。

表 5-3　检查线性输出型节气门位置传感器信号电压

节气门开度	端子 VTA-E2	端子 IDL-E2	端子 VC-E2
全闭	0.3～0.8V	低于 1V	5V
全开	3.5～5.0V	12V	5V
从全闭到全开	逐渐增大	12V	5V

节气门位置传感器的故障有时需要用示波器来检查，节气门位置传感器不良不仅影响发动机的工作，还会影响电控液力自动变速器的自动换档点与油压。

7. 对电子节气门的检测

在传统的节气门中，节气门开度恒定地通过加速踏板的位置变化而改变。而在电子节气门系统中，踏板带动加速踏板位置传感器，由发动机 ECU 计算节气门开度，以满足不同驾驶条件的要求。

（1）电子节气门体

图 5-8 所示为丰田卡罗拉 2ZR-FE 发动机的电子节气门总成。

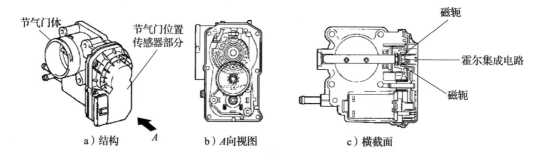

图 5-8　丰田卡罗拉 2ZR-FE 发动机的电子节气门总成

节气门位置传感器安装在节气门体总成上，用来检测节气门开度。该传感器为霍尔式，使用了霍尔效应元件，即使在极端的驾驶条件下（如速度极高或极低时）也可以产生准确的信号。其工作原理与输出信号如图 5-9 所示。

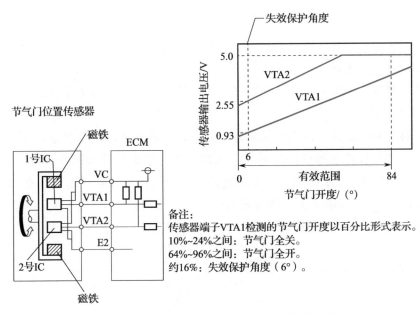

图 5-9　霍尔式节气门位置传感器工作原理与输出信号

　　节气门位置传感器有两个传感器电路，各自发送 VTA1 和 VTA2 信号。VTA1 用来检测节气门开度，VTA2 用来检测 VTA1 的故障。传感器信号电压在 0～5V 之间变化，其变化幅度与节气门的开度成比例，信号将被发送到 ECM 的 VTA 端子。

　　节气门关闭时，传感器输出电压降低。节气门打开时，传感器输出电压增加。ECM 根据这些信号计算节气门开度，并控制节气门执行器来适应驾驶情况。这些信号还会用在空燃比校正、供电增加校正和燃油切断控制等计算中。

　　在智能测试仪上选择以下菜单来检查节气门开度：Power train（传动系）/Engine and ECT（发动机和 ECT）/Data List（数据表）/Throttle Position No.1 and Throttle Position No.2.（1 号节气门位置和 2 号节气门位置）。

　　1 号节气门位置表示 VTA1 信号，2 号节气门位置表示 VTA2 信号。

　　智能测试仪显示完全松开加速器踏板时，Throttle Position No.1（1 号节气门位置）应为 0.5～1.1V，Throttle Position No.2（2 号节气门位置）应为 2.1～3.1V；完全踩下加速器踏板，Throttle Position No.1（1 号节气门位置）应为 3.3～4.9V，Throttle Position No.2（2 号节气门位置）应为 4.6～5.0V。

　　失效保护：当设定了任何一个 DTC，或设定了其他与电子节气门控制系统（ETCS）故障相关的 DTC 时，ECM 进入失效保护模式。在失效保护模式下，ECM 切断流入节气门执行器的电流，并且通过回位弹簧使节气门位置回位到 6°。然后，根据加速踏板开度，ECM 通过控制燃油喷射（间歇式燃油切断）和点火正时来调整发动机输出功率和转速，以使车辆继续保持最小的速度。如果轻轻踩下加速踏板，车辆可缓慢行驶。

（2）加速踏板位置（APP）传感器

通常，加速踏板位置传感器直接安装在加速踏板上，与踏板集成一个总成，不可分解，如有故障则一起更换。

加速踏板位置（APP）传感器安装在加速踏板支架上，它有 2 个传感器电路：VPA（主）和 VPA2（副）。

该传感器为非接触式，使用了霍尔效应元件，即使在极端的驾驶条件下（如速度极高或极低时）也可以产生准确的信号。其工作原理与输出信号如图 5-10 所示。施加到 ECM 的 VPA 和 VPA2 端子的电压根据加速踏板（节气门）开度的比例在 0~5V 之间变化。来自 VPA 的信号显示了实际加速踏板开度（节气门开度），用于发动机控制。来自 VPA2 的信号发送 VPA 电路的工作状态，并用来检查 APP 传感器自身的情况。

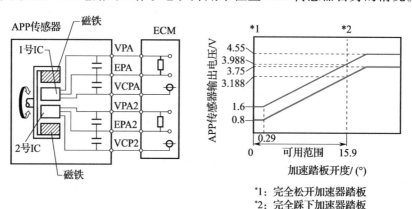

图 5-10　霍尔式加速踏板位置传感器工作原理与输出信号

ECM 通过来自 VPA 和 VPA2 的信号监视实际加速踏板开度（节气门开度），根据这些信号控制节气门执行器。

可以通过选择智能测试仪中的 Power train（传动系）/Engine and ECT（发动机和 ECT）/Data List（数据表）/Accelerator Position No.1 and Accelerator Position No.2（1 号加速器位置和 2 号加速器位置）来检查 APP 传感器电压。

失效保护：一旦设定了 DTC P2120、P2121、P2123、P2125、P2127、P2128 和 P2138 中的任何一个，ECM 就进入失效保护状态。如果 2 个传感器电路中的任一个发生故障，则 ECM 可以用另一个电路来计算加速踏板位置，让车辆保持继续行驶。如果 2 个电路都有故障，则 ECM 认为加速踏板被松开。因此，节气门关闭，发动机怠速。失效保护模式持续至检测到合格条件，然后将点火开关转到 OFF。

各种车型的电子节气门的结构并不一定完全相同，但电子节气门总成都是由节气门、节气门驱动执行器（直流电动机和传动机构）和节气门位置传感器等构成。节气门位置传感器一般也都有 2 个电位器，其电源电压一般为 +5V，但当节气门位置改变时，不同的电子节气门，两电位器的电压信号的变化规律并不一样。对于有的车型来说，其中一个电压信号增加，另一个电压信号减小；也有的车型是两信号同向线性变化，但两信号电压变化的范围不同。

当发动机出现怠速过高、加速不良时，我们可以通过观察电子节气门能否动作来缩小故障范围。值得注意的是：很多车在拆卸蓄电池、更换发动机控制单元、清洗、更换电子节气门后需执行初始化程序，也即进行自适应设定。各种车型的自适应设定程序有所不同，电子节气门和加速踏板位置传感器初始化程序请参见维修手册。

8. 点火提前角对加速性能的影响和影响点火提前角的因素

因为混合气在气缸内燃烧需占用一定的时间，所以混合气不应在压缩行程上止点处点燃，而应适当地提前，使活塞到达上止点时，混合气已得到充分燃烧，从而使发动机获得较大功率。点火时刻一般用点火提前角来表示，即从发出电火花开始到活塞到达上止点为止的一段时间内，曲轴转过的角度。

如果点火过迟，当活塞到达上止点时才点火，则混合气的燃烧主要在活塞下行过程中完成。即燃烧过程在容积增大的情况下进行，使炽热的气体与气缸壁接触的面积增加，因而转变为有效功的热量相对减小，气缸内最高燃烧压力降低，导致发动机过热，功率下降。

如果点火过早，由于混合气的燃烧完全在压缩行程进行，气缸内的燃烧压力则会急剧升高，当活塞到达上止点前即达最大，使活塞受到反冲，发动机做负功。这不仅会使发动机的功率降低，还有可能引起爆燃和运转不平稳现象，并且会造成运动部件和轴承加速损坏。

由此可见，发动机应在最有利的时刻点火。试验证明：如果点火时间适当，燃烧最大压力出现在上止点后 10°~15° 时，发动机的输出功率最大。可以认为，其所对应的点火提前角就称为最佳点火提前角。

不同发动机的最佳点火提前角各不相同，并且同一发动机在不同工况和使用条件下的最佳点火提前角也不相同。影响最佳点火提前角的因素有：转速、负荷、汽油的辛烷值、压缩比、混合气的成分、火花塞的数量、进气压力、燃烧室温度等。

发动机转速传感器和空气流量计（或进气歧管绝对压力传感器）是喷油量和点火提前角的主控信号，其重要性就不言而喻了。就点火控制而言，除发动机转速信号外，对有分电器的点火系统来说，只需检测到某缸的活塞上止点位置即可，具体到哪个缸点火则由分电器分火头分配；对无分电器双缸同时点火的点火系统来说，只需检测到一缸的活塞上止点位置（曲轴位置信号）即可；对无分电器各缸独立点火的点火系统来说，就必须检测到一缸的压缩上止点位置；然后根据各传感器信号确定最佳的点火提前角。如果喷油控制采用顺序喷射，就必须要有检测压缩上止点位置的凸轮轴位置传感器（或者在 ECU 内置一个相位传感器软件，由曲轴位置传感器分析出一缸的压缩上止点，如菲亚特派力奥 1.5L 发动机）。正因为点火控制需用曲轴位置或凸轮轴位置传感器检测上止点或压缩上止点位置，所以配气相位失准不只是影响进排气门开闭的时刻与开启的持续时间，还有可能造成气门与活塞的机械运动干涉，导致顶弯气门、挤裂气门导管、击伤缸盖、撞伤活塞、挤死活塞环等机械故障，也可能直接地或间接地通过一些传感器影响点火、喷油、点火正时等，使发动机出现不能起动或工作不良、回火、放炮、排气管烧红、怠速不稳、加速不良、动力不足、冷却液温度高、故障灯亮（如雷克萨斯 LS400 轿车 1UZ-FE 发动机正时带错一个齿就会显示故障码 13）等故障现象。对于磁电式曲轴位置或凸轮轴位置传感器来说，还存在人为故障，也就是把传感器的两条线对调接错。虽然磁电式曲轴位置或凸轮轴位置传感器信号为交流信号，但两条线对调后，用示波器检查就会发现波形倒置，这就影响了曲轴位置或凸轮轴位置的精确测量，导致点火提前角控制混乱，且信号转子齿数越小，偏差就越大。

下面以 Motronic 1.5 EFI 系统为例，说明空气流量计信号对点火提前角的影响。当冷却液温度为 80℃、进气温度为 20℃时，节气门部分打开，分别在 2500r/min 和 3000r/min 恒速下，以不同的空气流量计（MAF）叶片开度运转，其点火提前角变化见表 5-4。

表 5-4　空气流量计信号对点火提前角的影响

MAF 叶片开度 / (°)		30	35	40	45	50	55	60	65	70	75	80
点火提前角 / (°)	2500/ (r/min)	36	37	37	37	38	43	39	35	28	23	22
	3000/ (r/min)	44	44	44	44	44	44	43	38	35	26	22

进气温度对喷油量及点火提前角的修正作用往往被人们所忽略。就喷油量而言，进气温度每变化 10℃，喷油脉宽约变化 0.03ms。在小负荷工况下，进气温度对点火提前角基本无影响，而在大负荷下，随着进气温度的增加，点火提前角下降。对于自然进气的发动机来说，这并不会导致发动机性能的显著下降，但对于增压发动机来说就可能导致较自然进气的发动机明显得多的故障。增压发动机的进气温度传感器检测的温度应是经增压中冷后的进气温度，故其一般都安装于进气歧管上。如果进气温度传感器检测的是空气滤清器处的温度，就会导致油耗大、加速爆燃等故障。

9. 废气涡轮增压器

（1）废气涡轮增压器的结构与工作原理

涡轮增压器实际上就是一个空气压缩机。它利用排气能量使涡轮高速旋转，带动与涡轮同轴安装的泵轮（进气叶轮）旋转把空气压进气缸。

涡轮增压器包括涡轮壳体、压缩壳体、涡轮、泵轮（进气叶轮）、全浮式轴承、排气旁通阀和增压压力调节阀压力单元等。

因为涡轮和泵轮的转速达 100000r/min 以上，所以采用全浮式轴承以吸收轴的振动，同时润滑轴和轴承。全浮式轴承由机油冷却，在轴和壳体之间自由旋转，减少了摩擦，从而使轴可以高速旋转。

奥迪 C5 轿车 1.8T 发动机废气涡轮增压器控制系统的组成如图 5-11（图为增压过程）所示。排气旁通阀和增压压力调节阀压力单元用来调节增压压力，防止增压压力升得太高。此车的涡轮增压器装备了中间冷却器，以降低进气温度，改善进气效率。

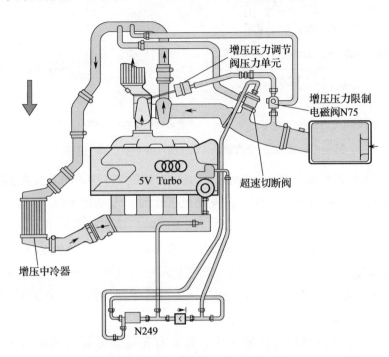

图 5-11　废气涡轮增压器控制系统的组成（奥迪 C5 轿车 1.8T 发动机）

增压压力调整过程如图 5-12、图 5-13 所示。

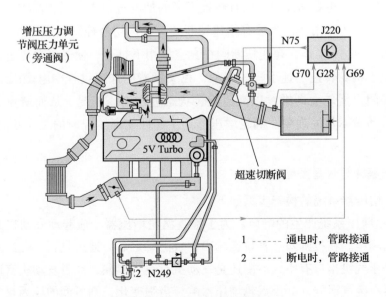

图 5-12　增压压力调整过程

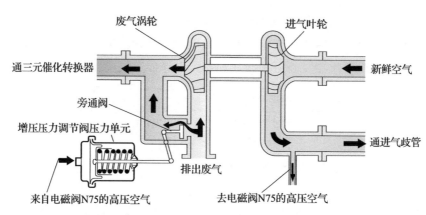

图 5-13　增压压力调整过程（增压压力调节阀压力单元打开）

在发动机 ECU 的存储器中，存储着发动机增压压力特性图的有关数据，理论增压压力随着发动机的转速而发生变化。在发动机工作时，发动机 ECU 根据增压压力等传感器输入的压力，确定当时的实际进气增压压力，然后将实际增压压力与理论增压压力进行比较。若实际增压压力值与理论增压压力值不相符，则发动机 ECU 就输出控制信号，通过对增压压力限制电磁阀的控制，改变增压压力调节阀压力单元上的压力，使旁通阀动作，改变实际增压压力。当实际增压压力值低于理论值时，旁通阀关闭；当实际增压压力值高于理论值时，旁通阀打开。

在奥迪 1.8T 发动机涡轮增压系统中，还装有超速切断阀与涡轮增压换气电磁阀 N249（超速切断控制电磁阀）。当汽车高速行驶突然减速时，如果没有超速切断阀系统，则由于减速时节气门迅速关小，进气泵轮压力室的压力剧增，对涡轮起到急剧的制动作用，这不仅使涡轮受到冲击，而且在接下来的加速过程中，涡轮需重新加速至高速才能起到良好的增压作用。而当装有超速切断阀与超速切断控制电磁阀 N249 时，在减速瞬间，电磁阀 N249 工作，超速切断阀在真空作用下打开，使进气泵轮进口侧与出口侧连接，避免了涡轮转速迅速下降的现象，在紧接着的加速过程中电磁阀 N249 断电，超速切断阀关闭，涡轮立即继续以高速旋转状态进入增压工况，从而避免了冲击与减速后再加速时动力不足的现象。涡轮增压器处于超速切断工况时的工作状况如图 5-14 所示。

（2）废气涡轮增压器系统的检查

废气涡轮增压器系统的检查步骤如下：

1）听涡轮增压系统产生的响声。为了检查涡轮增压器，应起动发动机并听涡轮增压系统产生的响声。在技师对这种特殊响声比较熟悉之后，通过是否存在高频声音就能很容易区分是压气机出口有空气泄漏还是发动机有空气泄漏，或者发动机有废气泄漏还是涡轮增压器有废气泄漏。如果涡轮增压器响声声强变化，则可能的原因是空气滤清器堵塞、压气机进气管道材料松软，或者是压气机叶轮和压气机壳有灰尘。

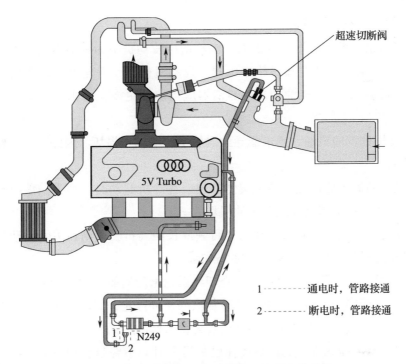

超速切断阀

1 ------- 通电时，管路接通

2 ------- 断电时，管路接通

N249

图5-14 涡轮增压器处于超速切断工况时的工作状况

2）检查空气滤清器。听声音之后，应检查空气滤清器，并从空气滤清器上拆下通往涡轮增压器的管道，检查是否有尘土或者因外来物造成的损坏。

3）检查管路连接处。检查压气机出口连接处的管夹是否松动，并检查发动机进气系统有无螺栓松动和衬垫泄漏等现象。然后，脱开废气管的连接，检查有无堵塞或材料松散的现象。检查排气系统有无开裂、螺母松动和衬垫穿透现象。转动涡轮轴组件，看其是否自由转动，检查有无擦伤和叶轮因冲击而损坏的迹象。

4）检查有无废气泄漏。检查涡轮壳和相关管接头有无废气泄漏，如果废气在到达涡轮之前就泄漏掉，则涡轮增压器的增压效果就会受到影响。检查进气系统有无泄漏，如果在压气机壳之前的进气系统出现泄漏，则外面的尘土会进入涡轮增压器，并造成压气机叶轮和涡轮叶片的损坏。当进气系统在压气机壳与气缸之间存在泄漏时，涡轮增压器增压压力就会降低。

5）检查系统的高压侧。对于系统的高压侧，可以用肥皂水检查有无泄漏。在加肥皂水后，观察有无气泡以便确定出泄漏的根源，检查旁通阀膜片室推杆是否松动和弯曲，检查从膜片室到进气歧管的软管有无开裂、扭结和阻塞气体流动的现象。此外，还应检查连接到涡轮增压器上的冷却软管和润滑油管有无泄漏。

6）检查排气。排气中有过多的蓝色烟雾表明涡轮增压器油封可能损坏。在涡轮增压器的涡轮端发现机油泄漏时，一定要检查排油管和发动机曲轴箱通气口是否堵塞而流动不畅。

（3）涡轮增压器的正确使用

1）应使用原厂推荐的发动机机油。涡轮增压发动机中的机油不仅可以用来润滑发动机，还可以用来润滑和冷却涡轮增压器。发动机机油受涡轮增压器热量的影响，其温度很容易升高。因此，机油和机油滤清器应当定期更换，否则会导致涡轮增压器的损坏。

如果不使用推荐的机油，则可能导致涡轮增压器轴承损坏。因此，一定要使用推荐的发动机机油。

2）冷机起动后不能高速空转或突然加速。在冷机起动时，因为轴承得不到充分润滑，高速空转或突然加速会导致轴承的损坏。

3）在发动机高负荷运转后，如高速行驶或长距离行驶，则在关闭发动机之前，务必使发动机怠速运转数分钟（一般约为2min）。

车辆行驶时，由于机油和冷却液的冷却，涡轮增压器的温度不会上升太高。当高速行驶后发动机立即停止运转时，机油和冷却液的循环停止，涡轮增压器得不到冷却，将导致卡死等故障。因此，发动机必须怠速运转，从而冷却涡轮增压器。

4）在空气滤清器或空气滤清器壳体已被拆下时，不要起动发动机。否则，可能因外部异物进入而导致涡轮和泵轮损坏。

5）万一涡轮增压器损坏而必须更换时，首先检查发动机机油的油量和油质、涡轮增压器的使用情况、连接涡轮增压器的油管积炭等可能原因，必要时须排除。

6）拆卸涡轮增压器时，要堵住进气口、排气口和机油进口，防止脏物或其他外部异物进入系统。

7）当拆卸和安装涡轮增压器时，不要出现跌落、碰击现象，也不要抓容易变形的零件，如执行器或连杆。

8）更换涡轮增压器时，检查油管中的油泥或积炭，必要时进行清洗或更换。

9）更换涡轮增压器时，在进油口内注入机油，同时用手转动泵轮，以润滑轴承，如图5-15所示。

10）大修或更换发动机时，重装后，在切断燃油供给的情况下，转动发动机30s以润滑发动机相关部位，然后怠速运转发动机60s。

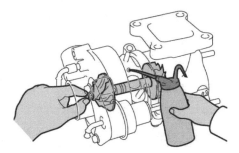

图5-15　更换涡轮增压器时应往进油口内注入机油

10. 汽油发动机加速不良故障诊断口诀

提转速，易熄火，是过稀、火花弱。

加速时，排气管，突突声，转速降，再上升，保高速，数分钟，高速好，加速坏，是断火，高压线，火花塞，可回火。

加速时，过渡差，火花弱、早或迟，不正时；进气道，积炭多，漏真空，正时错。

加速时，听声音，沉闷滑，为过迟。

加速时，爆燃响，点火早，水温高。

加速后，故障灯，会报警，查爆燃，很要紧。

进气管，常回火，疑过稀，化清剂。

查过稀，油压低，燃油泵，滤清器。

喷油量，看脉宽，流量计，进气压，节气门，看波形。

节气门，能否开，排气堵，跑不快。

汽油发动机加速
不良诊断口诀

解释如下：

汽油发动机在急加速提高转速时，反而容易熄火，通常是由于混合气过稀、点火系统高压火花弱导致。

急加速时，如排气管发出"突突"声，转速先降后升，那么可先保持高速运转数分钟。如果能长时间保持高速运转良好，只是在急加速瞬间过渡不好，则应该是点火系断火故障导致，可能是高压线、火花塞的故障。对于双缸同时点火的无分电器点火系统来说，高压线、火花塞的故障严重时，急加速瞬间会出现回火现象。

汽油发动机加速不
良诊断口诀的应用

如果急加速过渡性不好，可能的原因有：高压火花弱、点火过早或过迟，进气通道如节气门处积炭较多，进气歧管存在真空泄漏现象，或者配气正时不正确等。

发动机加速不良
故障诊断示例

听发动机加速时发出的声音，如果加速迟缓同时发出沉闷圆滑的声音，则应是点火过迟；如果加速时出现爆燃的响声，则可能是点火过早或冷却液温度过高；如果急加速后，故障指示灯点亮报警，那么检查爆燃传感器就是一件很紧要的事情。

如果急加速时经常发生进气管回火现象，就应怀疑混合气是否过稀，这时可使用化油器清洗剂在急加速的同时喷入进气管。如果不再出现回火现象，加速性能明显改善，就说明混合气过稀。

检查混合气过稀的故障原因时，可先检查燃油压力。如果燃油压力过低，就应检查燃油泵、滤清器等。

油压正常时，还要考虑喷油量够不够，可观察喷油脉宽，加速瞬间应由怠速的 $2 \sim 4ms$ 迅速增大到十几毫秒。喷油脉宽增加不大，应检查空气流量计、进气歧管绝对压力传感器和节气门位置传感器，必要时用示波器比较这些传感器的信号波形。

此外，还要检查电子节气门是否能迅速打开，以及排气管是否堵塞等。

第六章
发动机动力不足故障
的诊断与排除

一、 动力不足故障的诊断

汽车电控发动机动力性不足就是指它的动力性差。发动机动力性不足是汽车常见的一种故障现象，它产生的原因很多，涉及面也很广。

1. 故障现象

发动机无负荷运转时基本正常，但带负荷运转时加速缓慢，上坡无力，将加速踏板踩到底时仍感到动力不足，转速提不快，达不到最高车速。

2. 故障原因

1）节气门调整不当，不能全开。

2）空气滤清器堵塞。

3）燃油压力过低。

4）气缸缺火。

5）点火正时不当或高压火花弱。

6）空气流量计或进气歧管真空度传感器、冷却液温度传感器、节气门位置传感器故障。

7）喷油器堵塞或雾化不良。

8）排气再循环装置工作不良。

9）气缸压缩压力过低或配气正时失准。

10）排气受阻，在发动机加载时，进气歧管真空度明显偏低。

3. 故障诊断与排除的一般步骤

1）进行故障自诊断，检查有无故障码出现。有条件的话，需用专用诊断仪读取动态数据流，或用万用表检查数据。影响动力性的传感器和执行器有：冷却液温度传感器、空气流量计或进气歧管绝对压力传感器、节气门位置传感器、点火器、喷油器等。按所显示的故障码或数据流分析故障，查找故障原因。

2）将加速踏板踩到底，检查节气门能否全开。如不能全开，则应调整节气门拉索或加速踏板。

3）检查空气滤清器有无堵塞。如有堵塞，则应清洁或更换。

4）用点火正时灯检查点火正时。在热车后的怠速运转中检查点火提前角，应为10°~15°或符合原厂规定，加速时的点火提前角应能自动提前至20°~30°。如怠速时点火提前角不正确，则应调整初始点火提前角；如果加速时点火提前角不正常，则应检查点火提前控制线路及曲轴位置传感器、点火器等。

5）检查有无明显缺缸。可做单缸断火、断油试验。

6）检查所有火花塞、高压线、点火线圈。如有异常，则应更换。可用点火示波器观察点火波形后确认。

7）检查燃油压力。如压力过低，则应进一步检查电动汽油泵、油压调节器、汽油滤清器等。

8）拆卸喷油器，检查喷油量是否正常。如喷油量不正常或喷油雾化不良，则应清洗或更换喷油器。

9）检测空气流量计、节气门位置传感器、曲轴、凸轮轴位置传感器、冷却液温度传感器、氧传感器、爆燃传感器信号。

10）检查排气再循环装置工作是否正常。

11）检查配气相位、气门间隙是否正确。

12）检查进气增压装置、可变配气正时及气门升程装置的工作是否正常。

13）检查排气是否畅通、三元催化转化器是否堵塞。用真空表与排气背压表检查或拆检。

14）测量气缸压缩压力、检查气门积炭、拆检发动机等。如气缸压力过低、气门弹簧过软、配气凸轮磨损等都可导致动力下降。

二、　动力不足故障诊断、排除的相关要点

1. 确认汽车行驶无力是由发动机动力不足引起的

检修动力不足症状时，对整车进行评价是非常重要的，这就是说不仅要对发动机，还要对传动系、制动系等系统进行评价。检修动力不足时要注意以下几点：知道用户所指的是什么，他想让你做什么？如有可能，则要和用户一起进行路试。

汽车加速时提速很慢，上坡时汽车行驶更加缓慢的现象不要一下子就归咎于发动

机，要注意如果传动系打滑或行驶系"罢劲"，均会使汽车提速迟钝，易被误解为发动机动力性能不佳。为确认汽车速度提不起来是否纯属发动机造成的，可按以下办法鉴别：

1）在公路上把汽车车速提起来，然后突然松开加速踏板并立即将变速杆推入空档，如果汽车借惯性滑行距离较长，则证明汽车传动及行驶部分无"罢劲"故障；如果滑行车速降速明显，则为汽车行驶"罢劲"。

2）汽车上坡时按常规换档后，应注意发动机转速是否与车速匹配，若车速降速明显，而发动机的转速很高，则说明传动系打滑。

3）对带有牵引力控制系统的车辆来说，请关闭牵引力控制系统再试车一次，如果关闭牵引力控制系统，汽车动力充足的话，故障就出在牵引力控制系统而非发动机了。例如，牵引力控制系统由于传感器依然工作并产生充足的电压，所以在这时并没有出现故障码。要注意其中所含的噪声干扰。这辆汽车装备有牵引力调节装置和防抱死制动器，而 EBCM 将把噪声干扰误以为轮速的增加。这样的话，EBCM 就会始终给这个车轮施加一定的制动力，以致顾客抱怨车辆的动力不足。另外，驾驶员信息屏会出现"TractionActive"显示，而驾驶员却觉察到汽车正在施加制动。

4）大负荷时感觉发动机无力，在已知自动变速器没故障时也可进行失速试验，看失速转速是否过低。

2. 发动机动力不足的本质原因分析

汽油发动机动力性能不足主要由以下几个方面促成：

1）油气混合比不良或供给量不足。

2）点火性能不良。

3）电控汽油喷射式发动机的电控系统失常。

4）发动机调整或装配不当，或发动机本身机械状态不佳。

对于汽油发动机，若混合气的空燃比不当，混合气浓度过稀或过浓，均会影响发动机的动力性能。若混合气浓度过浓，排气管必冒黑烟；若混合气浓度过稀，则会造成燃烧缓慢，严重时会导致进气管回火放炮。但若空燃比失调不太严重，则上述症状不会十分明显。可燃混合气供给量不足也不是靠直觉可以察觉的。

造成混合比不良或混合气供给量不足的主要原因是燃油供给不足或空气供给受阻，所以应检查油路及空气滤清器。

点火性能不良主要是指高压火花弱、缺火、高速大负荷时断火、点火不正时等。

发动机调整或装配不当，或发动机本身机械状态不佳，主要是机械磨损或装配调整不正确从而致使进排气性能不佳、气缸压力下降等，如正时带错齿、凸轮磨损、气门间隙不正确、气门积炭严重、气门弹簧过软导致高速运转时气门漂浮、缸套与活塞环磨损等。

电控系统失常是指电控系统的传感器、执行器或 ECU 出现某些问题导致喷油控制、点火提前角控制、进气控制、增压控制、可变配气相位及气门升程控制、可变排气控制等出现问题。

3. 燃油供给情况的检查

（1）检查燃油泵是否工作

燃油泵如不工作则应检查送电回路，如点火开关、燃油泵继电器，以及回路是否有断路及接触不良。

（2）检查油路燃油压力

将系统油压泄掉，以免接装燃油压力测试表时造成燃油飞溅引起火灾，为此可切断燃油泵继电器，使油泵停止转动，然后起动发动机，泄掉系统油压，也可慢慢松开油压测试口，用抹布堵住接头，慢慢使油压泄掉。将燃油压力表接入燃油压力测试口中，然后拔下燃油压力调节器上的真空软管。

全面检查无误后，起动发动机，观察燃油压力表的读数。发动机怠速运转时，系统油压一般应为 0.27MPa，也有的高达 0.40MPa 甚至更高，具体应以原厂手册为准。

接上油压调节器上的真空软管，在燃油压力调节器起调压作用的情况下，系统压力应下降约 0.05MPa。

如果安装真空软管与不安装真空软管无压力变化或变化不大，则应检查真空软管是否漏气、堵塞。

如果燃油压力低，可夹住燃油压力调节器的回油管；如果压力上升，则应检查或更换燃油压力调节器；如果系统油压仍低，则应检查燃油滤清器是否堵塞，油管是否不畅；如果压力仍低，则检查油泵泵油能力。

4. 汽车三元催化转换器的检查

三元催化转换器位于汽车下部正中央，用螺栓固定在排气歧管的后部管上。三元催化转换器为一整体式结构，在其排气歧管中央的栅格网表面涂有催化剂。三元催化转换器的作用是将废气中的 HC、CO 和 NO_x 等有害的气体转换成 CO_2、N_2 和水蒸气。

当理论空燃比为 14.7，废气温度在 400～800℃时，三元催化转换器能最有效地减少废气中 HC、CO 和 NO_x 的含量。

当发动机出现诸如熄火等故障时，可能导致废气温度超过 1400℃，从而使转换器基质熔化，烧坏三元催化转换器。避免使用含铅燃油，因为废气中的铅会覆盖在催化剂表面，阻止催化反应的进行，废气中的残留燃油也有可能毒害催化剂。

1）目测检查。检查三元催化转换器的外观，如发现外壳被压扁、锈蚀或出现凹痕，则应更换转换器。

2）从汽车上拆除转换器时，用电筒照转换器的排气口，看是否被积炭或铅污染物堵塞。

3）轻轻摇动催化转换器，听内部元件有无松动的迹象。如果发生元件堵塞、熔化或者其他形式的损坏，则都应更换转换器。

4）功能测试。

①以2500r/min的转速运转发动机约2min，将催化转换器加热至工作温度。

②在催化转换器的废气入口处和出口处分别接一支表面温度探头，测量温度。

③出口处温度至少应比进口处温度高38℃。

④如果温差低于规定值，则应更换催化转换器。

5）在氧传感器安装孔处或一氧化碳（CO）测试管处，用排气背压表检测排气压力。

①在氧传感器（或一氧化碳测试管）处安装排气背压表。

②在正常工作温度下发动机怠速时，压力表读数不应超过8.6kPa（有些车确也超过这一数值，此处仅供参考），如图6-1所示。

图6-1 用排气背压表检查排气背压（正常车辆）

③把发动机转速提高至2000r/min，压力表的读数不应超过20.7kPa。存在堵塞的车辆测得的读数如图6-2所示。

图6-2 用排气背压表检查排气背压（故障车辆）

④如果在两种转速中的任何一种情况下背压超出规定值，那么表明排气系统受阻。

⑤检查排气系统有无压扁的管路，系统是否发生热变形或者内部消声器是否出现故障。

⑥如果没有找到排气系统背压过高的明显原因，那么可能是催化转换器受阻。

⑦完成检测后，在重新安装前用防粘剂涂敷氧传感器的螺纹。

5. 可变配气相位装置

发动机配气相位应该像点火提前角那样，随发动机转速的变化而变化，以充分利用气流的惯性和压力差，使进气充分和排气彻底，满足发动机在不同转速下对动力性、经济性和排放净化性的要求。如果配气相位可变，则可使发动机在低速和高速时都能得到很大的转矩，并且能直接地在全转速范围提高发动机性能，因此，可变配气相位装置一出现便很快被广泛应用在汽车上。

较大的配气相位角可提高发动机在高转速时的性能，但会降低发动机在低转速时的性能，原因是：在低转速时混合气的流动速度较慢，燃烧速度也较慢，较大的进气提前角可能将混合气挤出气缸，造成回火和发动机怠速不稳；在高转速时则相反，混合气的流动速度较快，燃烧速度也较快，气体的流动惯性能量增大，增大进气门早开、晚关的角度，可以充分利用进气流的惯性能量，防止混合气滞留在气缸外，从而使进气充分和排气彻底。适合发动机高速运转的配气相位，在低速运转时的输出转矩小，怠速不稳定。反之，适合发动机低速运转的配气相位，在高速运转时输出转矩小。因此，高速时增大进气门迟闭角，低速时减少气门重叠角，这样就可以使发动机在各种转速上都能充分发挥其性能。

目前，常见的可变配气相位装置有丰田的 VVT-i（智能型可变气门正时和气门升程机构），本田的 VTEC、i-VTEC，宝马的 VANOS、Valvetronic 系统等。

丰田卡罗拉 1ZR-FE 发动机 Dual VVT-i（智能可变气门正时）系统设计分别用来在 55° 和 40°（曲轴转角）范围内控制进气和排气凸轮轴，以提供适合发动机状态的最佳气门正时。这可以提高所有速度范围内的转矩，并增加燃油经济性和减少废气排放量。

如图 6-3 所示，发动机 ECU 可以计算适用于各行驶条件的最佳气门正时，并控制凸轮轴正时机油控制阀。另外，发动机 ECU 使用来自凸轮轴位置传感器和曲轴位置传感器的信号来检测实际气门正时，从而提供反馈控制以达到目标气门正时。

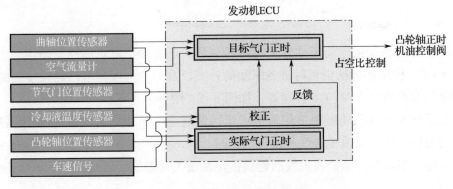

图 6-3 Dual VVT-i 系统控制框图

不同工况条件下的气门正时控制状态见表 6-1。不同工况条件下的控制如图 6-4 所示。

表 6-1　不同工况条件下的气门正时控制状态

工作情况	气门正时	控制状态	效　果
怠速期间	图 6-4a	进气最大延迟位置，排气最大提前位置，消除气门重叠以减少回流到进气侧的气体，稳定的怠速转速	稳定怠速转速，燃油经济性更好
轻负荷	图 6-4b	进气在延迟侧适当延迟，消除重叠以减少回流到进气侧的气体	确保发动机运转的稳定性
中负荷	图 6-4c	进气提前，排气延迟，增加进气门和排气门同时打开的时间，改善内部排气再循环性能，减少吸气损失	燃油经济性更好，改善排放控制
重载时的低速至中速范围内	图 6-4d	排气延迟，进气门关闭正时提前，以改善容积效率	在低速到中速范围内转矩提高
重载时的高速范围内	图 6-4e	延迟进气门关闭正时，以提高充气效率；同时排气提前	提高输出
低温	图 6-4f	消除气门重叠，防止排气回流到进气侧可能导致的混合气过稀、燃烧不稳定现象，并稳定快怠速转速	稳定怠速转速，燃油经济性更好
起动 / 停机	图 6-4g	进气最大延迟位置，排气最大提前位置，消除气门重叠防止排气回流到进气侧	改善起动性能

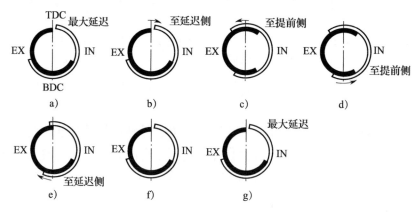

图 6-4　不同工况条件下的控制

Dual VVT-i 系统的主要部件是 VVT-i 控制器、凸轮轴正时机油控制阀。

各 VVT-i 控制器包括由正时链条驱动的外壳以及与进气或排气凸轮轴连接的叶片。进气和排气侧都有一个 VVT-i 控制器，如图 6-5、图 6-6 所示。

来自进气和排气凸轮轴提前侧通道或延迟侧通道的机油压力，致使 VVT-i 控制器叶片周向旋转，以连续改变进气和排气门正时。

当发动机停止时，锁销将进气凸轮轴锁止在最大延迟端，将排气凸轮轴锁止在最大提前端，以确保发动机正常起动。

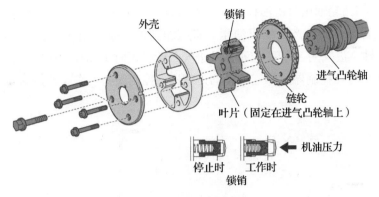

图 6-5 进气侧 VVT-i 控制器

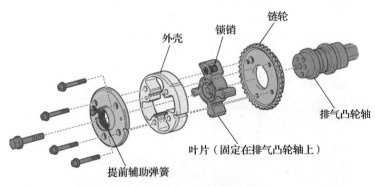

图 6-6 排气侧 VVT-i 控制器

在排气侧，VVT-i 控制器上安装了一个提前辅助弹簧。该弹簧在发动机停止时在提前方向上施加转矩，从而确保锁销接合。

凸轮轴正时机油控制阀使用发动机 ECU 的占空因数控制来控制滑阀。这使液压施加到 VVT-i 控制器的提前或延迟侧。当发动机停止时，进气凸轮轴正时机油控制阀处于最大延迟位置。图 6-7 所示为进气凸轮轴正时机油控制阀。排气凸轮轴正时机油控制阀如图 6-8 所示。

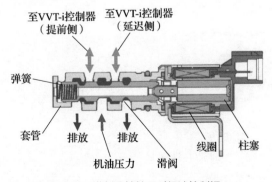

图 6-7 进气凸轮轴正时机油控制阀

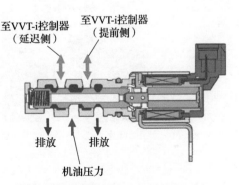

图 6-8 排气凸轮轴正时机油控制阀

丰田卡罗拉 1ZR-FE 发动机 Dual VVT-i 系统 VVT-i 控制器操作如下：

1）提前：当凸轮轴正时机油控制阀接到来自发动机 ECU 的提前指令信号时，阀芯动作处于提前位置，这时，产生的机油压力将施加到正时提前侧叶片室，以按照正时提前方向旋转凸轮轴。进气侧 VVT-i 控制器及进气凸轮轴正时机油控制阀的工作原理如图 6-9 所示。排气侧 VVT-i 控制器及排气凸轮轴正时机油控制阀的工作原理如图 6-10 所示。

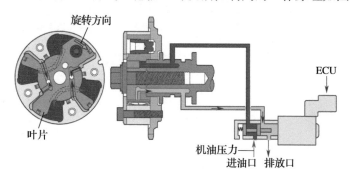

图 6-9　进气提前操作

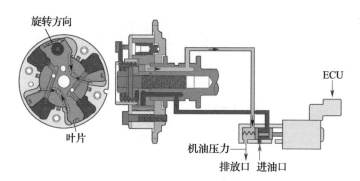

图 6-10　排气提前操作

2）延迟：当凸轮轴正时机油控制阀接到来自发动机 ECU 的延迟信号时，阀芯动作处于延迟侧位置，这时，产生的机油压力将施加到正时延迟侧叶片室，以按照正时延迟方向旋转凸轮轴，如图 6-11、图 6-12 所示。

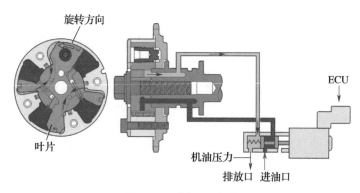

图 6-11　进气延迟操作

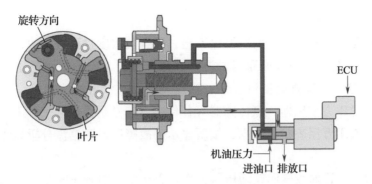

图 6-12　排气延迟操作

3）保持：当达到目标正时后，通过将凸轮轴正时机油控制阀保持在中立位置来保持气门正时，除非行驶状态发生变化。这可将气门正时调整到所需目标位置，并防止不需要发动机机油时其流出。

6. 汽油发动机动力不足故障诊断口诀

动力差，原因多，三要素，均要查。

查缺缸，查点火，火花弱，正时错。

燃油泵，滤清器，油压低，喷油器，混合气，多过稀。

进气压，流量计，传感器，各信号。

涡轮机，不增压；正时带，查跳齿；正时阀，执行器，已发卡，

工作差。

进气门，积炭多；间隙值，不准确；催化器，排气堵；节气门，开不足。

缸气压，若过低，需拆检，仔细查。

汽油发动机动力
不足诊断口诀

解释如下：

导致汽油发动机动力不足的原因有很多，发动机的三要素均要检查，主要是混合气空燃比不合适或混合气供给量不足、点火性能不良、电控系统失常（指电控系统的传感器、执行器或 ECU 出现某些问题导致喷油控制、点火提前角控制、进气控制、增压控制、可变配气相位及气门升程控制、可变排气控制等出现问题）、发动机调整或装配不当，或发动机本身机械状态不佳等。

汽油发动机动力不
足诊断口诀的应用

首先应检查有无明显缺缸，可做单缸断火、断油试验。检查点火系统是否存在高压火花弱、缺火、高速大负荷时断火、点火不正时等故障。用点火正时灯检查点火正时。在热车后的怠速运转中检查点火提前角，应为 10°~15° 或符合原厂规定，加速时的点火提前角应能自动提前至 20°~30°。如怠速时点火提前角不正确，则应调整初始点火提前角；如果加速时点火提前角不正常，则应检查点火提前控制线路及曲轴位置传感器、点火器等。检查所有火花塞、高压线、点火线圈，如有异常，则应更换。可用点火

示波器观察点火波形后确认。

对于汽油发动机，若混合气的空燃比不当，混合气浓度过稀或过浓，均会影响发动机的动力性能。动力不足的常见原因是混合气浓度过稀，应检查燃油压力，如果燃油压力过低，就应进一步检查电动汽油泵、油压调节器、汽油滤清器等。检查空气流量计，进气歧管绝对压力传感器、氧传感器等各传感器信号是否正常。可用专用诊断仪读取动态数据流，或用万用表检查数据，按所显示的故障码或数据流分析故障，查找故障原因。

检查进气增压装置如废气涡轮增压器工作是否正常。检查正时带是否跳齿等，检查可变配气正时及气门升程装置的工作情况，可变配气正时阀及执行器是否发卡、工作异常等。

检查进气门是否积炭过多而使进气通道减小，进气不足等；检查气门间隙值是否在标准范围内，如过大、过小均应调整；检查排气管三元催化反应器是否堵塞，可用真空表与排气背压表检查或拆检。检查节气门是否能全部打开或电子节气门系统是否有故障。

进一步检查气缸压缩压力，若气缸压力过低，则应拆检发动机，仔细检查发动机是否装配不当或发动机本身机械状态不佳，主要是机械磨损或装配调整不正确从而致使进排气性能不佳、气缸压力下降等，如正时带错齿、凸轮磨损、气门间隙不正确、气门积炭严重、气门弹簧过软导致高速运转时气门漂浮、缸套与活塞环磨损等。

第七章

发动机油耗过大故障的诊断与排除

一、 油耗过大故障的诊断

发动机油耗过大是指它的百公里油耗超过规定的标准值。油耗过大，发动机的经济性就差。影响发动机油耗的因素很多，有发动机技术状况方面，也有底盘技术状况方面。

1. 故障现象

发动机耗油量过大。

2. 故障原因

1）冷却液温度传感器失常。

2）空气流量计或进气管压力传感器失常。

3）节气门位置传感器失常。

4）燃油压力过高。

5）冷起动喷油器漏油或冷起动控制失常。

6）喷油器漏油。

7）氧传感器失效。

8）点火系故障。

9）发动机机械部件故障（缸压过低等）。

10）配气相位不正确。

11）ECU 及插接器故障。

3. 故障诊断与排除的一般步骤

1）测量冷却液温度传感器，其不同温度下的电阻值应符合标准。电阻太大，会使 ECU 误认为发动机处于低温状态，从而进行冷车加浓控制，使油耗增加；也可以用 ECU 解码器来检测，将检测仪所显示的冷却液温度传感器传给 ECU 的冷却液温度数值与发动机实际冷却液温度相比较。如有差异，则说明冷却液温度传感器有故障，应更换。

2）检测空气流量计或进气管压力传感器，其数值应符合标准。空气流量计或进气管压力传感器的误差会直接影响喷油量。检测结果如有异常，则应更换空气流量计或进气管压力传感器。

3）检查节气门位置传感器。在节气门处于中小开度时，全负荷开关应断开。若全负荷开关始终闭合或闭合时间过早，则会使 ECU 始终或过早地进行全负荷加浓，从而增大油耗。

4）测量燃油压力。怠速时的燃油压力应为 250kPa 左右。随着节气门的开启，燃油压力应逐渐上升。节气门全开时的燃油压力为 300kPa 左右。若燃油压力能随节气门开度变化而改变，但压力始终偏高，则说明油压调节器有故障，应更换。若燃油压力不能随节气门开度变化而改变，而始终保持 300kPa 左右，则说明油压调节器的真空软管破裂或脱落，或燃油压力调节控制电磁阀有故障，进气管真空度没有作用在油压调节器的真空膜片室上，导致油压过高。对此，应更换软管或电磁阀。若燃油压力过高，达 400kPa 以上，则说明回油管堵塞或油压调节器有故障，应检测回油管或更换油压调节器。

5）检查点火高压与能量、点火正时。

6）检查冷起动喷油控制是否正常。用电压表或试灯接在冷起动喷油器线束插头上，检查发动机起动时冷起动喷油器工作的持续时间是否符合标准值。若工作时间过长或起动后一直工作，则说明冷起动喷油控制失常，应检查冷起动温度开关及控制电路。

7）拆卸喷油器，检查各喷油器有无漏油。如有异常，则应清洗或更换喷油器。

8）检查发动机机械故障（气缸压力、气门是否卡滞或泄漏、凸轮轴面磨损、气门正时、气门间隙、气门密封性等），检查排气系统是否堵塞、冷却系节温器的工作情况。

二、 油耗过大故障诊断、排除的相关要点

电控发动机的喷油量是发动机 ECU 根据传感器和开关信号经精确计算而输出控制信号控制喷油器的，所以电控发动机的优点之一是油耗低。造成油耗大的原因有：传感器或开关信号错误，燃油压力过多或喷油器故障，点火系故障，发动机机械部件故障等。

1. 判断故障是否确为发动机故障造成

人们通常是用百公里耗油来评定油耗是否过大的，而不是单指发动机的比油耗，所

以诊断油耗过大的故障时，首先要确诊故障是否在发动机，驾驶员的驾驶习惯不良、轮胎气压过低、车辆负载过大、制动拖滞、传动系打滑、自动变速器不能升到高档、液力变矩器无锁止等均会导致油耗过大。

2. 检查发动机是否还存在如冒黑烟、动力不足、加速不良等故障

凡是造成动力不足、混合气浓度过浓、冷却液温度过低的故障都将导致发动机油耗过大。发动机怠速过高也是油耗过大的原因之一。混合气浓度偏浓不会导致动力下降，相反，动力可能略有增大，但发动机对混合气过浓没有混合气过稀敏感，一些人是难以察觉的，除非混合气浓度过浓达到了排气冒黑烟的地步。混合气是否过浓，最好用废气分析仪进行检查。当然，拆检火花塞也不失为一种简单可行的方法。

用专用诊断仪进行故障码与数据流的读取，充分注意氧传感器信号数值的变化情况，并注意观察长期燃油校正系数和短期燃油校正系数的变化，其变化规律是否与氧传感器信号变化相适应。

所谓短期燃油校正系数，它表示发动机 ECU 对所控制的混合气浓度的短期校正的程度。氧传感器检测混合气浓度，ECU 增加或减小喷油量的控制程度以燃油校正系数的方式表示出来。短期校正则是表示 ECU 对混合气浓度变化立即做出反应的校正过程。而燃油长期校正系数则表示发动机 ECU 对所控制的混合气浓度的长期校正的程度。它取决于燃油短期校正系数在一段时间内的变化情况。若 ECU 发现燃油短期校正系数在一段时间内一直太大或者太小，就会相应地增大或减小燃油长期校正系数，这表明 ECU 在一段时间内一直按加浓或者减稀的混合气控制发动机的工作。此时，短期燃油校正系数又恢复为中间值。这种对混合气浓度长时间的校正工作称为长期校正，其校正的程度用燃油长期校正系数来表示。当拆下蓄电池接头或拔下发动机 ECU 插头时，通常其内保存的长期校正系数消失。

3. 重视基本检查

要重视基本检查，进气管是否漏真空可参考前述"怠速不稳故障的诊断"中的方法进行检查。电控发动机燃油喷射系统按进气量检测方式一般分为流量型 L 型和压力型 D 型两种。流量型用空气流量计直接检测进气量，压力型用进气管压力间接计算出进气量，因此不论是流量型还是压力型，只要进气系统不密封就会影响喷油量，所以对进气系统进行检修时应注意。影响油耗过大的其他因素还有以下几点：

1）发动机量油尺和机油加油口盖必须安装好，否则会影响发动机运行。

2）进气软管不能有破裂，卡箍要安装紧固。因为漏气会影响空气流量计或进气压力传感器的信号，从而影响喷油量，导致发动机怠速不稳、易熄火、动力性和加速性能差。

3）真空管不能破裂、扭结，也不能插错。真空管插错会使发动机怠速不稳，甚至

使各缸无规律地交替工作不良。

4）喷油器应安装舒贴，密封圈完好。上部安装密封不良会漏油造成严重事故，下部密封不良会造成漏气使发动机真空度下降、运行不良。

4. 油耗过大故障诊断口诀

驾驶员，要注意，换档时，不早迟，恒速驶，少制动。

变速器，少档位，档模式，不正常。变矩器，或打滑、或卡滞、不锁止。

各车轮，胎压低，阻滞力，要检查，细比较，制动拖、轮前束，不准确，传动系，或打滑、或干涉，润滑差，效率低。

蒸发漏、急速高，水温低、节温器，或过浓、或过稀，火花弱、正时错，运转中，力不足。判浓稀，废气仪，诊断仪，数据流，进气管、真空度、燃油系，查油压，气缸压，均要查。排气管，查背压。三要素，逐个查。

解释如下：

对于驾驶员来说，要注意自己的驾驶习惯，驾驶手动变速器车辆在换档时，应注意不要过早或过迟，经常保持恒速行驶，也能减少制动的次数，有利于节省燃油。

对于自动变速器车辆来说，应检查是否存在缺档、少档、锁档、不能升到高速档的情况，换档模式是否一直处于动力模式等。检查液力变矩器单向离合器是否存在打滑、卡滞以及锁止离合器不能进入锁止工况等故障。

对于汽车行驶系、传动系来说，各个车轮的轮胎气压过低，车轮阻滞力过大均要检查。如果车轮阻滞力过大，则要检查车轮是否存在制动拖滞现象、轮毂轴承预紧度调整不当或损坏的情况。如轮胎磨损异常，则还需检查前轮前束、后轮前束。检查传动系是否存在打滑（指手动变速器车辆的离合器、自动变速器车辆的自动变速器内部）、运动干涉以及润滑不良的情况，这些都会影响传动效率，也就是会影响燃油消耗量。

对于电控汽油发动机来说，汽油蒸发控制系统的蒸气泄漏、急速转速过高，行驶时冷却液温度长时间偏低、节温器常开，混合气浓度过浓或过稀、点火系中的高压火弱、点火正时不准确，发动机动力不足等都会导致油耗过大。

检查进气歧管的真空度、燃油系统的燃油压力，气缸压缩压力，都是必要的手段。怀疑排气管堵塞，可检查排气背压。针对发动机的三要素，逐个检查，一定能发现故障原因。

第八章
发动机机油消耗量过大故障的诊断与排除

一、 机油消耗量过大故障的诊断

1. 故障现象

1）发动机各密封衬垫、油封处有泄漏。

2）发动机工作时，排气管冒蓝烟。

2. 故障原因

1）机油泄漏。

2）机油油平面过高。

3）活塞、活塞环、缸套磨损过大，活塞与气缸壁间隙过大以及拉缸等。

4）活塞环侧隙过大、活塞环装反、油环卡死等。

5）气门油封老化或损坏。

6）气门导管与气门杆间配合间隙过大，气门导管安装松动或燃烧室有裂纹，造成机油进入气缸燃烧。

7）PCV 阀损坏，大量机油蒸气进入进气系统而燃烧。

8）连杆轴承间隙过大。

9）某些下置凸轮轴的 V 型发动机进气歧管衬垫泄漏。

10）气缸盖机油回油孔堵塞。

11）涡轮增压器油封损坏或回油管堵塞。

12）某些带有空气压缩机的车辆，空气压缩机的活塞、活塞环、缸套磨损过甚，机油窜入储气筒。

3. 故障诊断与排除的一般步骤

1）检查机油的外部泄漏。

2）检查机油加注是否过多。机油油平面过高会使飞溅到气缸壁上的机油量增加，从而引起烧机油。

3）发动机高速运转时，排气冒蓝烟，打开加机油口观察，加机油口有大量或脉动烟雾冒出，表明活塞、活塞环、缸套磨损严重，应解体检查。

4）拆下 PCV 阀至进气歧管的真空管，观察真空管内壁及进气歧管内是否存有机油的痕迹，如有则为 PCV 阀损坏。

5）拆下进气歧管观察进气门是否严重积炭或进气道中是否有机油存留的痕迹。如有则为气门导管与气门杆间配合间隙过大、气门油封老化、损坏。此外，也可用内窥镜进行此项检查。

6）对某些下置凸轮轴的 V 型发动机，应检查其进气歧管衬垫是否泄漏。

7）检查涡轮增压器。

8）对某些带有空气压缩机的车辆，打开储气筒油水放出阀，检查是否有过多的机油放出，如有则拆检空气压缩机。

9）对发动机进行解体检查，主要检查燃烧室有无裂纹、气门导管安装是否松动、活塞是否偏缸、活塞环侧隙是否过大、活塞环是否装反或折断、油环是否卡死、连杆轴承间隙是否过大等。

二、 机油消耗量过大故障诊断、排除的相关要点

1. 机油消耗量的相关概念

内燃机行业规定的机油消耗量是指发动机运转时每小时消耗机油的数量，单位为kg/h。发动机在不同工况下运行时，其机油消耗量也不相同，因此，必须说明是在什么工况下的机油消耗量。固定式内燃机及经常在额定工况工作的内燃机，规定采用额定工况时的机油消耗量，并根据额定功率计算出机油消耗率，单位为g/（kW·h）。

车用发动机工作时的转速和负荷不断变化，因此汽车行业标准规定用发动机80%的额定转速、100% 负荷以及 30% 负荷两种工况下各运行 3h 的机油消耗量作为发动机的机油消耗量。由于机油消耗量由两种运行工况组成，不便采用内燃机行业的办法计算机油消耗率。一般采用将机油消耗量除以同时期发动机燃油消耗量的百分比值来评判机油消耗量是否适宜，这个百分比一般应低于1%。通常，轿车的百公里油耗在 10L 左右，故其机油消耗量应在 0.1L/100km 以下，但一般认为机油消耗量应维持在（0.02～0.03）L/100km 甚至更低。

2. 机油泄漏的诊断与分析

发动机机油泄漏通常发生在密封衬垫、油封、机油滤清器、油塞或油堵等部位，有

时也会从铸造裂纹、有缺陷的压力开关等部位泄漏；采用气压制动的汽车，机油还可能通过磨损比较严重的空气压缩机排到储气筒内。如果泄漏不太严重，则只有在发动机运转时才会出现漏油。

如果发动机的上部（高处）出现泄漏（如 V 型发动机的进气歧管后部密封垫），则机油会沿着发动机向下流到油底壳的后部。因此，不要认为出现油污或被机油浸"湿"的区域就一定是泄漏源，应把油污清除干净，起动发动机，检查是否出现新的油液，找出真正的泄漏部位。此外，密封圈或衬垫出现泄漏，不要简单地认为一定是密封圈或衬垫损坏，如果气缸漏气过多或 PCV 系统失效，则曲轴箱内的压力增大，机油在高压下也会从密封圈或衬垫处渗漏。

如果飞轮或液力变矩器前端面有油，则为曲轴后油封泄漏；如果其后端面有油，则为变速器前端油封泄漏。喷出的油迹呈环形是曲轴油封漏油的表现；沿气缸体有向下的漏油痕迹，可能是油封、油堵、凸轮轴堵头漏油，或气缸体有气孔、裂纹等。

PCV 阀堵塞使曲轴箱内的压力升高，可能会导致机油严重泄漏，因此应检查 PCV 阀工作是否正常：捏住通往 PCV 阀的管子，或用拇指盖住 PCV 阀的端部，如果怠速转速降低，则说明 PCV 阀工作良好。此外，还应检查气门室盖上通往空气滤清器的通风软管中的过滤器是否堵塞，这也是导致曲轴箱压力升高引起机油渗漏的原因之一。

气门室盖和进气歧管的衬垫漏气会导致 PCV 系统失效。在曲轴箱具有适当吸力的情况下，衬垫密封不良会导致外面的空气漏入曲轴箱，而不是机油向外泄漏。

3. 烧机油的诊断与分析

发动机烧机油的明显症状是排气管冒蓝烟，其主要由下列情况所致（见图 8-1）：一是上窜机油，即由于缸套、活塞、活塞环的磨损过大或活塞环对口、装反、弹力下降造成机油窜入气缸；二是下窜机油，即由于气门与气门导管配合间隙过大、气门油封老化或损坏，使机油从气门杆与气门导管之间的缝隙进入燃烧室；三是其他原因造成机油进缸或进入排气管，如 PCV 阀损坏，机油与窜缸气体一同被吸入燃烧室中；涡轮增压器密封垫损坏，润滑涡轮增压器轴承的机油从压缩机一侧流入燃烧室或从涡轮一侧流入排气系统等。

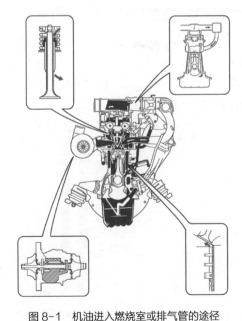

图 8-1　机油进入燃烧室或排气管的途径

对于第一种情况，可能还有一种不常见的原因：正时带错齿而使配气相位严重滞后，在进气冲程活塞下行时进气门尚未打开，缸内形成较大真空度而把机油沿缸壁吸上来（此时发动机抖动、动力不足的症状已非常明显）。

（1）气门导管及油封泄漏

当发动机的行驶里程低于96000km时，机油的内部消耗通常是由气门导管或油封漏油引起的。发动机减速时，由于进气管真空度较高，机油通过进气门导管渗入，进而从进气门进入燃烧室；其他工况下的烧机油冒蓝烟现象可能是机油从排气门导管进入了燃烧室。

1）积炭的检查。拆检气缸盖组件时，应仔细观察燃烧室、火花塞、气门等有无积炭。如果火花塞仅在一侧有油污，则表明气门油封漏油；进气门的"颈部"有积炭（见图8-2）是气门导管或油封漏油的又一特征。

2）油封的检查。拆下气门室盖时，应检查伞形气门油封的弹性。将小型钢直尺片插入气门弹簧，

图8-2 气门"颈部"的积炭

推压油封，以检查油封是否具有弹性；还应检查油封是否与气门杆紧密贴合。

安装气门油封时应保证气门油封的唇口与气门杆垂直。有些发动机进、排气门油封极为相似，但不能互换，一般用颜色区分。例如，丰田某发动机的进气门油封顶部为棕色，排气门油封顶部为黑色，安装时应注意辨别。

3）气门与气门导管配合间隙的检查。气门与气门导管的配合间隙应符合原厂规定，如果该配合间隙过大，致使气门上下运动时横向摆动，造成机油从变形的油封与气门杆之间进入气缸而燃烧。气门导管磨损后更容易漏油，喇叭形的磨损所造成的漏油就像漏斗一样，如图8-3a所示。如果排气门导管磨损或油封损坏，排气时在排气门导管底部会产生真空度，将机油吸入并在高温废气中氧化燃烧，也会引起排气管冒蓝烟，如图8-3b所示。

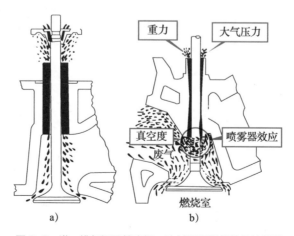

图8-3 进、排气门导管磨损、油封损坏引起的机油消耗

（2）活塞环失效

活塞环磨损、弹性下降、卡死、间隙过大、装配不当等是发动机烧机油的主要原因。

在查找机油消耗过大的原因时，可以通过检测气缸压缩压力来辅助确诊，但只能确定气环是否磨损或折断，却不能确定油环的工作状况。如果发动机排气管冒蓝烟，且在加速时更为严重，而PCV阀正常，则一般为油环卡死在环槽内或侧隙过大所致（气门导管及油封漏油导致的烧机油现象，通常在急减速及刚起动后的片刻更明显）。未定期更换机油或机油脏污、清除积炭时炭粒掉进活塞环与环槽之间均易造成活塞环卡死，使活塞环失去密封作用。

活塞环的侧隙过大会产生泵油作用而导致机油窜入燃烧室。如图8-4所示，活塞下行（如进气行程）时，活塞环抵靠在环槽上侧，机油进入活塞环槽下侧的间隙和活塞环背隙；活塞上行（如压缩行程）时，活塞环抵靠在环槽下侧，将活塞环下侧和环背隙中的机油挤压到环槽上方，如此反复运动，将机油泵到活塞顶部。

安装活塞环时，应注意其安装方向，不能装反。例如，扭曲环内切槽朝上、外切槽朝下；锥面环标有朝上的标记（反扭曲锥面环的内切槽应朝下）等。对于钢片组合式油环，安装后在衬簧作用下应无侧隙，如存在侧隙则应查明原因（一般是活塞环型号不对）。

（3）连杆轴承间隙过大

若连杆轴承间隙过大，从轴承间隙中泄漏出来的机油增多，在高速时连杆会将较多的机油甩向气缸壁，进入燃烧室的机油量增加，机油消耗增大，如图8-5所示。

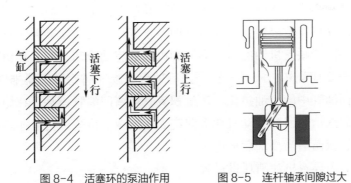

图8-4　活塞环的泵油作用　　　　图8-5　连杆轴承间隙过大

（4）涡轮增压器导致的烧机油

废气涡轮增压器的结构通常如图8-6所示，它由涡流式涡轮机、离心式压气机和中体三部分组成。压气机叶轮与涡轮机叶轮同轴，用增压器轴连接，增压器轴用浮动轴承支承。中体上有机油进口和出口，以便对增压器轴轴承进行润滑和冷却。转子轴润滑不良会造成转子轴与轴套烧结而咬死。

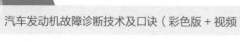
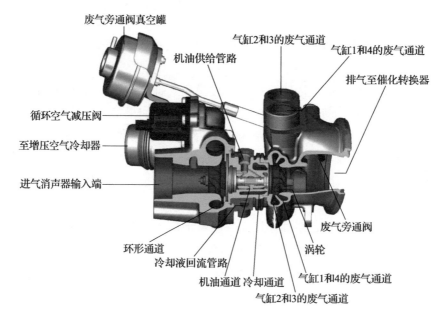

图 8-6　废气涡轮增压器的结构

　　涡轮增压器的密封环损坏将导致机油消耗过大、排气冒蓝烟。涡轮端密封环损坏，当发动机高速运转时，废气会窜入增压器的润滑系统，污染机油；而当发动机低速运转时，增压器内的机油则从密封环泄漏并从排气管排出，造成机油的过度消耗。压气机端油封磨损失效，增压器润滑系统内的机油窜入压气机室，被吸入气缸内燃烧。当机油回油管堵塞时会使中间壳体内机油压力升高，机油沿涡轮轴和压气机的密封环渗漏。如果回油管堵塞不进行修理，那么即使更换新的废气涡轮增压器也会出现渗漏。而回油管堵塞通常是因为使用不当造成的，例如，有的驾驶员在高速行驶后迅速制动，同时立即将发动机熄火。发动机突然停转，机油将立即停止流动，但增压器转子轴在惯性的作用下仍在高速转动，由于缺乏机油的压力润滑和机油的流动冷却，容易导致废气涡轮增压器轴承温度急剧升高而烧坏、咬死，特别是后轴承（废气涡轮增压器排气侧轴承），从而使中间壳体、回油管中的机油焦化，产生积炭，堵塞回油管，甚至在熄火瞬间引起废气涡轮增压器冒起浓烟。因此发动机熄火前应先逐渐减少负荷，再怠速运转几分钟，待增压器转速下降，机温适当冷却后再熄火。

　　（5）其他原因导致机油消耗量过大

　　燃烧室裂纹、气门导管安装松动、活塞偏缸也可能导致机油消耗量过大。

4. 机油消耗量过大故障诊断口诀

看泄漏，察排烟，烧机油，冒蓝烟。

加速时，烟变大，优先查，活塞环。

空转后，烟变小，是气门，查油封。

发动机机油消耗
量过大诊断口诀

曲轴箱，单向阀，拆软管，仔细查。

连杆瓦，间隙大；油面高，飞溅多。

涡轮机，增压器，各油封，已老化。

内窥镜，看积炭，分位置，来判断。

发动机机油消耗量过
大诊断口诀的应用

解释如下：

首先，检查机油的外部泄漏。观察排气管的排气颜色，如冒蓝烟或蓝白烟，则说明发动机存在烧机油故障。

如果发动机加速至中高速运转时，排气冒蓝烟，则应打开加机油口观察，加机油口有大量或脉动烟雾冒出，表明活塞、活塞环、缸套磨损严重，应解体检查。节气门开度越大，冒蓝烟越明显，就要优先检查活塞环。当发动机怠速运转时，燃烧室里的温度较低，即使机油通过活塞环损失，机油也不会燃烧，因此，白烟的量是少的。当发动机转速增大时，燃烧室里的温度升高，供至气缸的机油的量也增多，排出白烟的量就增多。通过活塞环损耗机油的判断机理如图 8-7 所示。

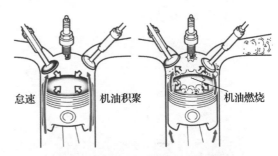

图 8-7　通过活塞环损耗机油的判断机理

如果发动机减速之后再空转，在一段时间内（30～60s），蓝烟较大，烟量随空转时间增加会逐渐减少，此时应检查气门油封是否老化。这是因为当发动机减速至怠速运转时，进气管的真空度较高，因此，机油从气门杆上被吸入燃烧室。然而，燃烧室内的温度较低，因此机油附着在积炭上，而且积聚在气门或燃烧室上，当使发动机由减速再稍加速空转时，燃烧室的温度升高，立即燃烧积聚起来的机油使得大量的白烟排出。当机油完全燃烧后，白烟的量就会减少。如果发动机连续空转，则燃烧室内的温度会升高，即使机油被吸入，它在积聚起来前就燃烧掉了，从而使白烟的量减少。通过气门损耗机油的判断机理如图 8-8 所示。

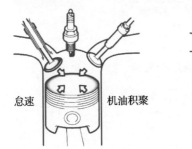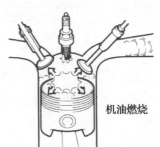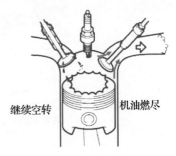

图 8-8　通过气门损耗机油的判断机理

若怀疑曲轴箱通风装置不良，可拆下 PCV 阀至进气歧管的真空管，观察真空管内壁及进气歧管内是否存有机油的痕迹，如有则为 PCV 阀损坏。

　　检查机油加注是否过多。机油油平面过高会使飞溅到气缸壁上的机油量增加，从而引起烧机油。同样，若连杆轴承间隙过大，从轴承间隙中泄漏出来的机油增多，在高速时连杆会将较多的机油甩向气缸壁，进入燃烧室的机油量增加，机油消耗增大。

　　涡轮增压器的密封环损坏将导致机油消耗过大、排气冒蓝烟。而当发动机低速运转时，排气管内有一定的负压，增压器内的机油则从涡轮侧密封环泄漏并从排气管排出，造成机油的过度消耗。压气机端油封磨损失效，增压器润滑系统内的机油窜入压气机室，被吸入气缸内燃烧。应如图8-9所示，拆开涡轮增压器的进、排气侧进行目视检查有无明显的积炭或积油现象。

　　我们可以使用内窥镜在活塞头部、燃烧室内、进气道气门部位进行不解体检查积炭情况，如图8-10所示。

图8-9　检查涡轮增压器两端是否有积炭或积油现象

图8-10　用内窥镜检查积炭情况

　　如果很多积炭附着在活塞顶部的外周上，则说明机油通过活塞环损失。如果很多积炭附着在进气门头部面上，或附着在排气阀杆上，并且机油也能附着在这些积炭上，使它们变得潮湿，则说明机油是通过气门导管消耗损失的。我们可以通过这些积炭的位置来判断，如图8-11所示。

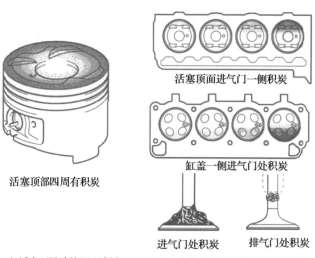

图8-11　根据积炭情况判断机油消耗途径

第九章

发动机过热故障的
诊断与排除

 一、发动机过热故障的诊断

1. 故障现象

汽车运行过程中，冷却液温度表指针经常指在 100℃以上（或冷却液温度过高警告灯亮），并伴随有散热器"开锅"现象，且发动机过热，易产生爆燃。

2. 故障原因

1）接头、软管、水封、水堵等部位渗漏造成冷却液不足。

2）节温器失效，不能进行大循环。

3）散热器水垢过厚、堵塞或散热片过脏、变形、损坏。

4）电动冷却风扇电动机损坏、温控开关损坏。

5）气缸垫损坏或缸盖螺栓拧紧力矩过小。

6）水泵工作不良、传动带打滑或断裂。

7）风扇传动带打滑或断裂，硅油式风扇离合器工作不良。

8）风扇叶片变形或角度不对或装反。

9）冷却水道堵塞或水垢过厚。

10）散热器盖密封不良或阀门工作不良。

11）点火正时失准（主要是点火过迟）。

12）混合气浓度过浓、过稀。

13）发动机积炭过多。

14）长时间大负荷工作。

15）压缩比过大、缸压过高。

16）防冻剂与水的混合比不正确。

17）散热器的防护罩损坏或安置位置不对。

18）凸轮轴磨损、排气管堵塞等造成的排气不畅。

19）自动变速器油温过高间接导致冷却液温度过高。

3. 故障诊断与排除的一般步骤

1）首先进行目视，主要是检查冷却液的外部泄漏和冷却液量。当发动机停转后，在打开散热器盖之前，先用手捏一下散热器上的水管，看冷却系内是否有压力。对于封闭式冷却系，如水面下降很快，则应检查冷却系各部位如各软管、接头、散热器、水泵、水堵处是否渗漏；若密封良好，还应检查机油中是否有水，如机油中有水，则按油水混合故障检查，多为气缸垫损坏所致。

2）检查风扇是否正常转动。根据风扇的驱动方式不同，分别检查风扇传动带是否过松、打滑、断裂，电动风扇电动机、温控开关及有关的插接器是否损坏。若电动风扇不转，应按电动风扇电路查找原因。

3）检查散热器及防护罩。检查散热器的空气通道是否通畅，若有灰尘或杂物吸附在散热片上，可用压缩空气吹通，并梳理好变形的散热片。打开散热器盖后，有些散热器从加水管可以看到散热器芯管，如果芯管阻塞、锈阻或腐蚀，则应清洗或更换散热器。很多散热器的后面装有护风罩，应检查其有无松动或断裂，定位是否正确等。

4）检查散热器上、下水管的温差。用手触摸散热器上、下水管，感觉其温差，并用手指背触摸散热器和发动机，如发动机和上水管温度很高，而散热器、下水管温度较低，则可能是节温器没有开启，也可能是水泵轴与叶轮脱转。应先拆检节温器，再检查水泵。

5）检查有无气缸垫烧损迹象。修复好明显的外部泄漏点，加足冷却液，起动发动机，检查气缸垫是否损坏。如加水口处可见明显气泡，则为明显冲床（烧缸垫）。

6）拆检节温器。拆下节温器，将节温器浸于水中，逐渐加热，检查阀门开启的温度和升程，应符合原厂规定。

7）检查风扇离合器的工作情况。

8）对冷却系统进行压力试验，再次检查有无泄漏。

9）检查其他系统的工作是否正常。发动机过热，除冷却系统故障外，点火过迟、凸轮轴磨损致使气门升程不足、催化转换器堵塞、排气系统堵塞或 EGR 阀不工作引起爆燃、自动变速器油温过高也能引起发动机过热，应分别进行检查。

二、 发动机过热故障诊断、排除的相关要点

1. 检查系统软管及接头

1）软管及接头的检查。检查冷却系统的全部软管有无卡箍松动、泄漏和损坏现象，

是否有裂纹、磨损、凸出和膨胀，有无受热损坏出现的硬点，还要检查由于接触到附件安装支架或其他部件而摩擦破损的部位，是否存在由于接触到发动机机油、动力转向油或自动变速器油而变软或粘结的区域。

检查软管时，沿着整个软管长度挤压软管，观察是否有发硬或变软的区域，挤压时如果出现"噼啪"声和"嘎吱"声，表明软管加强织物层毁坏或者内衬劣化。当怀疑软管状况时，可拆下软管检查内衬，如果内衬有裂纹或破损，则应更换软管。散热器下部软管通常会安装防止软管塌陷的钢制弹簧，不要进行挤压测试。

⚠ 注意：有损伤的水管有时在外部不一定看得出来。如果水管老化，则管内壁可能有碎片脱落，并进入冷却液中。当发现这种情况时应及时更换，否则可能造成堵塞，导致发动机严重损坏。

2）软管及接头的拆装。拆卸软管时不要强力扭动和拉扯，否则会造成软管或散热器损坏。如果软管粘结在接头上，则可割开软管末端，以便于拆卸。

断开散热器进、出水软管与加热器进、出口软管。脱开软管时应在软管上和连接端上做标记，用适用的管夹工具将管夹滑动到软管的中间。为防止损伤软管，用布块包在管外，然后用钳子夹住软管的根部一边转动一边将其拆下，如图9-1所示。

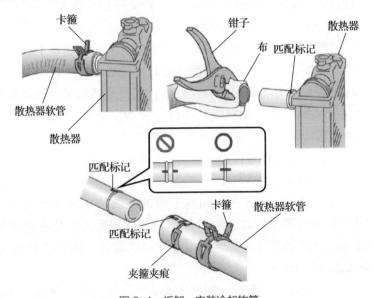

图9-1　拆卸、安装冷却软管

⚠ 注意：安装时应对齐软管上的匹配标记并将管夹放至在夹轨上（原印痕上）。

未将管夹位置或方向对齐可造成冷却液泄漏。如果管夹变形，则用新管夹将其更换。

安装新软管时，要保证长度合适、配合正确，避免扭动或拉伸软管。橡胶水管与散热器或发动机水管接头处应使用水管卡子固定，水管卡子应尽可能装在水管接头的边缘处，以免使水管接头腐蚀。

2. 检查传动带、带轮和张紧器

1）带轮的检查。检查带轮槽有无油污、生锈或磨损，通常较小的带轮磨损较为严重；还应检查带轮螺栓的紧固情况，任何一个附属装置的带轮螺栓松动，都会引起传动带不在同一平面上，导致脱落。

2）传动带的检查与调整。有些发动机使用两根 V 带驱动附属装置，传动带的两个侧面是摩擦面，当 V 带磨损后，必须将两根 V 带同时更换。然而，现在很多发动机用一根蛇形带同时驱动所有的附属装置，蛇形带可以反向弯曲而且两面都可传递动力。

传动带张力的检查。传动带过紧或过松将导致附件或发动机损坏。中等程度松脱或磨损的传动带使发动机加速时发出尖锐的声音；严重磨损或松脱的传动带会造成蓄电池不充电、发动机过热或动力转向助力不足。安装过紧的传动带会突然断裂或损坏发动机前轴承，还会造成曲轴前主轴承上半部分过早磨损。

检查传动带张力时，在发动机停转后将传动带张力表放在传动带上，并在传动带跨度的中心检查传动带的张力。若传动带的张力小于规定值，则应把传动带张紧。

传动带的张力也可以通过测量发动机停转时传动带的变形量来测定。用手指在传动带跨度中间向下压，如果传动带每英尺跨度有 1/2in（1in=0.0254m）的变形，则传动带的张力正常，一般在 3～4kgf（1kgf=9.80665N），传动带挠度在 10～15mm 为宜。

3）传动带的调整与安装。传动带的张力是否合适将直接影响其使用寿命，传动带通常都装有自动张紧器，张紧器有内置的磨损指示器，只要张紧器上的箭头位于两条线之间，传动带就没有过度拉伸。当箭头移到线外时，就必须更换传动带。

有些蛇形带具有弹簧恒力加载张紧装置，而有些则是利用某一附属装置来调整其张力，如松开发动机支架螺钉及发动机安装螺钉，撬动发动机的壳体来安装和调整传动带。一般不要撬动力转向泵壳体来张紧传动带，这样会损坏壳体，造成液体泄漏。

在发动机罩下一般都有蛇形带传动示意图，如果没有此图，在拆下旧带之前应绘制简图，以备新带装入时参照。

使用蛇形带的发动机，有时水泵是由蛇形带的背面从水泵带轮下驱动的。这样驱动的水泵与使用 V 带驱动的水泵在工作时的转动方向相反，在装入新水泵时一定要注意水泵的转动方向，否则水泵叶轮反转会引起发动机过热。图 9-2 所示为宝马 B48 及 B48A20TU 发动机传动带示意图。

如果感觉传动带太短装不上带轮，则可试着从另一侧安装。例如，可以试着先将传动带装到水泵带轮上，最后再往发动机带轮上安装。

在更换驱动带之前，要将电动风扇的连线断开，以防风扇偶然转动而伤人。安装传动带时，一定要保证传动带的尺寸正确，如果传动带太长，则在张紧轮的作用下，可能会使传动带与散热器水管或燃油管碰擦。

许多汽车装有塑料张紧器和惰轮，如有磨损则会使传动带张紧力降低，甚至损坏传动带，因此一定要检查其磨损情况。

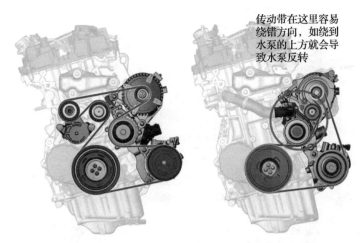

传动带在这里容易
绕错方向，如绕到
水泵的上方就会导
致水泵反转

图 9-2 宝马 B48 及 B48A20TU 发动机传动带示意图

3. 检查散热器上、下水管水温差

用手触摸散热器上、下水管，如果上水管过热而下水管温度较低，温差很大，则说明节温器可能未打开，冷却液不能进行大循环。在上、下水管温差并不十分明显的情况下，最好用红外线测温仪检测散热器上、下水管处的温度，比较其温差。通常在电动风扇刚一停止运转时，温差约为 15℃。各种机型可能有一些差异，需要积累更多的经验进行判断。

在进行冷却系检修时，还必须弄清发动机冷却液的循环回路、节温器的安装位置、控制电动风扇运转的冷却液温度开关或冷却液温度传感器的安装位置等。大多数控制电动风扇运转的冷却液温度开关装在散热器出水口一侧，如果节温器打不开，散热器出口侧的温度低，则温控开关不能闭合，电动风扇自然不会转动；因此，如果冷却液温度过高而电风扇不转，则还应检查散热器上、下水管水温差，以判断节温器是否打开，不要误判为冷却液温度开关不良。

很多发动机冷却液的循环回路比较复杂，如宝马 B58 发动机冷却系的冷却液循环回路（图 9-3）。B58 发动机上用所谓的热量管理模块取代了传统节温器，以纯电动方式驱动。与节温器不同，热量管理模块与冷却液温度没有直接的物理连接，而是通过一个旋转滑阀以可变方式开启和封住不同冷却通道的开启横截面。为了准确进行旋转滑阀定位，数字式发动机电子系统（DME）主要需要冷却液温度传感器提供的冷却液温度以及部件温度传感器提供的气缸盖温度。热量管理模块电动执行元件内的位置传感器向 DME 提供旋转滑阀的当前位置。这样可以确定旋转滑阀的精确位置，从而使其以准确规定的横截面开启或封住不同冷却通道。通过调节横截面，可根据运行时刻以最佳方式调节热量管理模块所连冷却通道的流量。

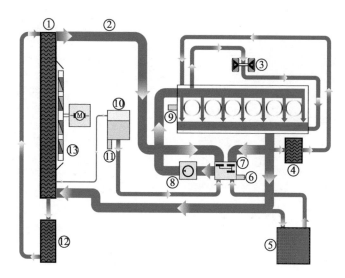

图 9-3　宝马 B58 发动机冷却系的冷却液循环回路

1—冷却液散热器　2—至热量管理模块　3—废气涡轮增压器　4—发动机油冷却液热交换器
5—暖风热交换器　6—旋转滑阀位置传感器　7—热量管理模块　8—冷却液泵　9—部件温度传感器
10—补液罐　11—冷却液液位开关　12—附加冷却液散热器　13—电子扇

4.检查节温器

发动机常用蜡式节温器控制冷却液的循环。节温器一般装在发动机缸体（缸盖）的出水口上，也有的装在进水口处。节温器阀门关闭时，切断了发动机缸体水套与散热器的循环回路，而当冷却液温度足够高时，节温器阀门应打开。

1）节温器的检查。拆下节温器，将节温器和温度计放入水中加热，如图 9-4 所示，观察节温器打开及全开时的温度与升程，不符合要求则更换。如桑塔纳发动机节温器在冷却液温度 85℃时开始开启，105℃时完全打开，全开时阀门升程不少于 7mm；丰田 2JZ-GE 发动机蜡式节温器在 82℃主阀门开始打开，95℃时全开，升程为 8.5mm。

2）节温器的安装。安装时，要确保节温器的正确位置和方向，通常节温器的石蜡感应体朝向发动机缸体，如图 9-5 所示，同时应注意使其摆动式通气阀或通气孔向上。

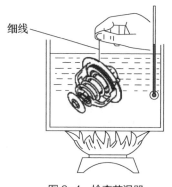

图 9-4　检查节温器

图 9-5　石蜡感应体方向

⚠️ **注意**：节温器损坏后不能拆下不装。特别是具有旁通阀与主阀门的双阀门节温器，如拆下不用，则冷却液始终处于混合循环状态，冷却液未完全流经散热器会形成热点，尤其在缸盖内，将造成缸盖裂纹；且不装节温器，发动机在冷起动后较长时间达不到正常冷却液温度（暖机时间过长），磨损加剧，燃料经济性变差、排放污染增加。

5. 检查水泵

1）泄漏部位的检查。检查水泵软管连接处、衬垫和密封垫及水封是否泄漏，可借助冷却系统压力测试仪将其连接到散热器加注口，就能很容易找到不易发现的泄漏点。如果水泵水封泄漏，则冷却液通常会从水泵通气孔或滴水孔滴落，泄漏量很小时可能只在孔周围留有冷却液痕迹。该孔通常在水泵壳体的下侧，必要时可使用小的检查镜。因水封不单独更换，如果通气孔渗漏或周围有冷却液痕迹，则更换水泵。

2）水泵叶轮的检查。拆下水泵，检查水泵叶轮是否松动、腐蚀、断裂。也可就车检查：运转发动机至正常工作温度（节温器打开），用手握住散热器的软管，检查水泵流量的大小。在发动机加速时如能感觉到软管内冷却液流速随发动机转速的增加而加快，则说明水泵工作性能良好。

3）水泵轴承的检查。如果轴承损坏，水泵运转时会发出噪声，通常怠速时比较明显。在有些情况下，水泵密封垫泄漏，轴承被冷却液污染、腐蚀后开始出现故障。抓住风扇叶片或水泵驱动带轮，左右轻轻晃动，检查水泵轴承是否松动，如有松动则应更换水泵。

更换水泵时，一定要把新旧水泵进行对比。有时两个水泵看起来非常相似，但叶轮的叶片形状不同，旋转方向相反，安装错误将导致发动机过热。

在许多发动机上，有些水泵安装螺栓伸入缸体水套内，安装时一定要在螺栓上涂抹规定的密封剂，否则将引起冷却液泄漏。

有些发动机更换小循环水管比较麻烦，需要拆下水泵才能更换。因此在每次对发动机进行修理或更换水泵时，应将小循环水管一起更换，且不能使用普通的非模压热水管替代小循环水管，因这种水管容易弯曲从而使小循环流动不畅。

目前，有一些车型采用了电动水泵，如图9-6所示。在诊断冷却液温度过高时还应使用诊断仪读取水泵运转转速，并注意此类车型一般均有规定的冷却液加注及排空气操作，应严格按规定程序进行。

图9-6　采用电动水泵替代机械水泵

6. 检查散热器及散热器盖

1）散热器的检查。目视检查散热器外部有无明显的损坏、变形或缺陷，散热片是否被灰尘、杂物等堵塞；并检查散热器是否有明显的泄漏或腐蚀点，打开散热器盖，从冷却液加注口处观察水垢是否过多等。散热器片灰尘或杂物过多，可用压缩空气或低压水清除。焊缝破裂和铜散热器内的水管腐蚀会使冷却液慢慢泄漏而不留下冷却液污渍，铝/塑料散热器泄漏或散热器衬垫破裂也会出现同样的现象，可拆下散热器，堵住出入口接头，并使用冷却系统测试仪给散热器加压，把散热器浸没在一个水池中检查是否有气泡，以查找微小的泄漏部位。

内部过脏导致的芯管堵管故障可由散热器的容量试验来判断，但必须知道该散热器的标准容积，而且必须拆下散热器进行操作，这就限制了此方法在维修车间的应用。实践中可用红外线测温仪沿着芯管内冷却液流动的方向来检测散热器表面的温度，以此来检查散热器的冷却效果。此时温度应不发生突变现象，如果突变则说明存在堵塞。

2）散热器盖的检查。散热器盖上装有压力阀和真空阀，压力阀弹簧使橡胶密封垫压紧在散热器加水口密封面上。压力阀常见的失效原因为：橡胶密封垫老化、压力阀弹簧生锈或折断，散热器加水口变形使阀密封不严。发动机停止工作后，压力阀能在一定时间内使散热器保持一定压力。

检查（目视）散热器盖、衬垫是否腐蚀和损坏，散热器加注口座有无磨损或毛刺，如图9-7所示。如果散热器盖或加注口座损坏，则冷却系统不能良好密封，无法充分加压，散热器易"开锅"。

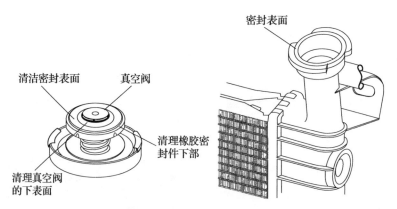

图9-7　散热器盖及加注口座

如果汽车装有冷却液回收系统，则应检查散热器盖最上部的衬垫。如果衬垫丢失或者泄漏，那么冷却液会在发动机暖机时进入冷却液回收罐（膨胀水罐），但在发动机冷却时却不能流回到散热器（水管扭结、损坏或连接松动也会造成此故障）。

如图9-8所示，检查散热器盖时，拉动真空阀使其打开并释放，检查其能否完全关闭。如果散热器盖的真空阀被粘住，则在发动机熄火或冷却液的温度下降后，膨胀水罐内的冷却液也不能流回到散热器，冷却系统内保持一定的真空度，这个真空度可使冷却系统的软管破裂。

　　用专用的散热器盖测试仪检查散热器盖的密封性和散热器盖蒸气放出阀的泄压压力，如图 9-9 所示。其压力值多打印在盖的顶面，如日产某轿车发动机散热器盖的泄压压力标准值为 78～98kPa，极限值为 59～98kPa。如果密封垫、真空阀损坏或泄压压力值不符合规定，则应更换散热器盖。

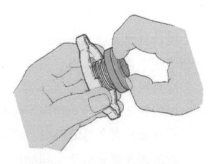

图 9-8　散热器盖真空阀的检查

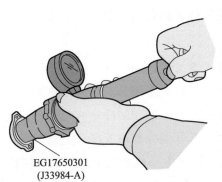

EG17650301
(J33984-A)

图 9-9　散热器盖泄压压力的检查

⚠ **注意**：过热的发动机熄火后，不要立即打开散热器盖。因为全封闭冷却系统的内部压力高于大气压力，散热器盖打开后高温液体喷出，容易烫伤人体。此外，在冷却液温度很高或泄压之前，不得拧松散热器放水开关。

7. 检查冷却风扇

（1）风扇的常规检查

1）检查风扇是否有裂纹或弯曲变形现象。如果风扇出现裂纹，则在怠速时有"咔哒"异响；如果叶片弯曲变形，则会导致风扇不平衡，运转时产生振动和噪声，并损坏轴承。当发现风扇叶片有弯曲或裂纹时，不要起动发动机，立即更换风扇叶片。若在运行时风扇叶片断裂，则会造成人身伤害或车辆损坏。

⚠ **注意**：叶片弯曲不要进行恢复校正，否则会损伤叶片，使叶片在运转时突然断裂，造成重大事故。

2）检查风扇叶片总成安装螺栓、铆钉（如果风扇叶片是铆接在轴毂上的）是否松动，轴承是否毁坏、有无油液泄漏等。抓住风扇叶片并左右轻摇，如有晃动现象，则表明叶片松动或轴承毁坏。

（2）风扇离合器的检查

发动机熄火后，用手转动风扇，应能平稳转动，并有阻力感。如果转动不平顺、转动阻力过大或没有阻力，则应更换离合器总成。

检查风扇离合器有无卡滞现象。起动发动机并观察风扇转速，随着发动机转速升高，风扇转速（和转动噪声）应明显增加。

带有硅油离合器的风扇，如果在轮毂轴外面有油迹出现，或离合器前端的双金属圈感温器潮湿并覆盖有灰尘和油污，则表明硅油泄漏。用手转动冷却风扇，在发动机冷车时硅油离合器应只有很小的阻力，热机时转动阻力要大一些。如果无论在热车和冷车时硅油离合器上的风扇叶片都可容易地转动，则说明硅油离合器失效，应予更换。

（3）电动风扇的检查

部分发动机的电动风扇是由冷却液温度和空调系统控制的，风扇热敏开关装在散热器或发动机冷却液通道上，冷却液温度开关可以是常开或常闭的。如果冷却液温度达到正常工作温度的上限，常开的冷却液温度开关触点闭合（常闭的冷却液温度开关触点断开）使风扇运转；当冷却液温度下降到预定值时，常开的冷却液温度开关触点断开（常闭的冷却液温度开关触点闭合），风扇停止工作。风扇电动机或由电源开关和搭铁线直接供电，或通过继电器供电。如桑塔纳冷却风扇具有高速和低速两个档位，当冷却液温度为 93～98℃时，温控开关低速触点闭合，风扇低速运转；当温度降低到 84～93℃时，低速触点断开，风扇停止转动。当冷却液温度上升到 99～105℃时，温控开关高速触点闭合，或空调系统储液罐压力为 1530kPa 时，冷却风扇继电器工作，风扇高速运转。

有些发动机的冷却风扇由动力模块控制，动力模块从发动机冷却液温度传感器获取温度信号，进而控制风扇的工作。传感器电阻规范值请参阅制造商的维修手册。

检查电动风扇时还应注意原电路中风扇电机的电流方向以及风的流动方向，防止电路接反，风扇反转。

若发动机温度升高后风扇不转，则应检查温控开关、冷却液温度传感器、风扇电机、继电器及相关线路等。

（4）风扇罩和空气导流板的检查

风扇罩和空气导流板是冷却系统的重要零件，如图 9-10 所示，其常见故障是断裂、丢失或漏装。风扇罩让圆形风扇在整个散热器后面形成低压区域，空气导流板在散热器前方形成高压区域，使空气在不同的环境下流过散热器。风扇罩在汽车低速行驶时形成良好的空气流，空气导流板则在高速行驶时形成良好的空气流，因此，汽车高速时过热可能是空气导流板有故障，而在交通拥堵时过热可能是风扇罩有故障。

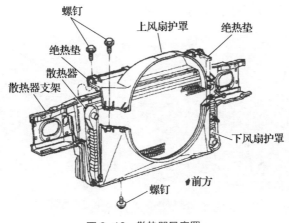

图 9-10　散热器风扇罩

8. 冷却系统的排气

冷却系统的空气量过多将使循环水量减少，导致发动机过热；且空气的存在会形成气穴，造成缸体、缸盖裂纹。若冷却系含有空气，其腐蚀速度将是正常情况的 3 倍。

当向冷却系重新加入冷却液时，冷却系内可能滞留部分空气而使冷却液难以加足。拆下最高位置的水管可使冷却系内的空气排出，从散热器上水管加入冷却液（不是从散热器加入）可避免空气滞留。

有些发动机在节温器壳体或发动机冷却液水道上安装有放气螺塞，松开放气螺塞，可释放内部的空气。对于没有放气螺塞的发动机，可松开冷却系统最高点的连接软管，放出空气。如果没有可以放气的高点，则可借助一些工具，在汽车起动前将冷却液从底部向上推，将空气排出。

加注冷却液时一般应打开暖风水阀，按维修手册规定的放气程序排气。

9. 检查外部泄漏

检查外部泄漏时主要采用直观检查法与压力测试法。

对冷却系统最重要的要求之一是保存冷却液。泄漏是冷却系统最常见的故障。诊断的第一步是直观检查冷却系统，找到泄漏点。许多难检测到的泄漏可能都是"冷态"泄漏，即只有发动机处于冷态或者仅当发动机冷态运转时才发生泄漏。这些现象大多数出现在软管接头处，卡箍在热机状态卡得很紧，而在冷态工作时太松。直观检查是否存在泄漏时，不要忘记检查汽车内部是否有暖风散热器芯或者与其连接的软管泄漏。如果客户抱怨驾驶室内有甜味或者风窗玻璃上有蒸汽，则表明冷却液从暖风散热器芯或者与其连接的软管泄漏到暖风空调系统。

如果直观检查后没有发现泄漏，则下一步用压力测试仪给冷却系统加压，如图 9-11 所示。观察各软管接头、散热器和水泵、水管座、缸盖与缸体上的水堵等是否存在外部泄漏。同时注意不要忘记测试散热器盖。

图9-11　冷却系统压力测试

10. 内部泄漏的检查方法

（1）压力测试法

利用压力试验可检查冷却系统的泄漏，尤其是内部泄漏。

1）压力测试仪安装在散热器加注口上，如图9-11所示。

2）关闭发动机，给系统加压，并保持压力稳定不变。

3）接好压力测试仪后，不要使发动机运转。由于压力测试仪不具有散热器盖的压力自动释放功能，因此发动机运转可能会导致冷却系统损坏。

4）如果不渗漏，可将该系统压力保持至第二天。

⚠ 注意：测试压力一般为200kPa，压力超过规定值可能会损坏散热器。如果压力降低，则应先检查软管、散热器和水泵等外部泄漏，再检查内部泄漏。

（2）红外线废气分析仪检测法

用红外线废气分析仪检测冷却液中有无废气，以判断气缸垫和气缸壁是否泄漏，而且无论混合气是否燃烧，红外分析仪都能工作。

1）通过使用制动器并挂档加速的方法给发动机增加负荷（自动变速器车），时间最多3s。

2）如图9-12所示，将分析仪探头放在散热器加注口上，检查冷却液中有无HC。注意不要将冷却液吸进分析仪探头。

3）如果冷却系统中有CO，则废气一定是在燃烧过程中进入的。

（3）气泡观察法

1）从散热器上拆下散热器顶部软管。

2）拆下节温器与水泵传动带。

3）将软管接到节温器壳（出水管）上，并将其灌满水，使之呈漏斗状。

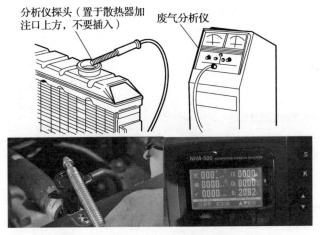

图9-12　用废气分析仪检查冷却系统泄漏

4）将一温度表放在软管内。

5）运转发动机。

6）如果在达到沸点之前出现气泡，表明有气体漏入冷却系统。

⚠️ **注意**：对装有水冷式空气压缩机的发动机，如果压缩机的气缸垫泄漏或水套有裂纹，冷却系统也会出现气泡。

11. 内部泄漏的处理

用上述方法诊断出内部存在泄漏时，需要拆下气缸盖进行进一步检查。

如果存在冷却液漏入燃烧室的故障，则在发动机解体后可以很容易看出。燃烧室内有少量积炭是正常现象，而有冷却液渗漏的气缸燃烧室内没有积炭。

如果发动机装用的是湿式缸套，则应仔细观察气缸壁，检查有无穴蚀导致的针眼大的小孔。特别是柴油发动机装用的是湿式缸套，更应注意。

拆下气缸盖检查时，可能会在气缸垫的某一面上发现被烧黑的现象，这时不能只更换气缸垫，还要检查气缸盖下平面和气缸体上平面的平面度，在六个方向上进行测量（见图9-13）。轿车发动机的平面度一般应小于0.10mm。检查时也不能因为只是气缸床朝上一面有烧蚀痕迹，而只检查气缸盖下平面的平面度，忽视气缸体上平面平面度的检查。如进行了气缸盖下平面的光削，则应换上相应的加厚的气缸垫，以免影响压缩比。

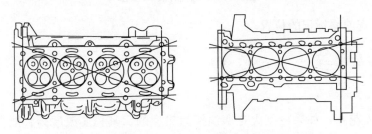

图9-13　测量气缸盖下平面及气缸体上平面的平面度

气缸盖紧固螺栓一般采用塑性区域螺栓，塑性区域螺栓具有良好的轴向张力稳定性。但这种螺栓再次使用前必须检查其是否被拉伸，有的厂家规定检测其长度，而有的厂家规定检查其直径，如图 9-14 所示。

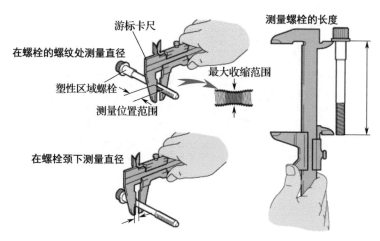

图 9-14　检查塑性区域螺栓

拧紧塑性区域螺栓的方法不同于拧紧普通螺栓，必须按维修手册的规定步骤进行紧固。

在螺钉上和螺栓头部的下面涂抹薄薄一层机油。安装并用力均匀地上紧螺栓至规定力矩。给每一只螺栓做油漆标记。紧固螺栓到规定的角度，如"90°＋90°""90°""45°＋45°"，如图 9-15 所示。

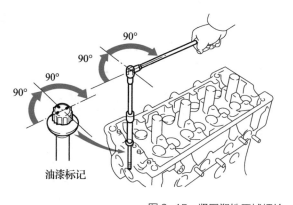

图 9-15　紧固塑性区域螺栓

> 提示：
> 　　位置不同，规定的角度也不同。请参考修理手册。

最后需检查油漆标记的位置。

12. 检查其他系统

（1）点火系的检查

1）检查火花塞：如果冷型火花塞误换为热型的，其瓷芯温度高，能引起混合气早燃，导致发动机过热。

2）检查点火正时：过早、过迟都会引起发动机过热。

（2）供油系的检查

1）检查造成混合气过稀的原因。

2）检查进排气管有无漏气或堵塞现象。

（3）润滑系的检查

润滑系堵塞或润滑油不足，都可能降低润滑油对发动机的冷却作用，引起发动机过热。

还有一些不是发动机的原因也可导致冷却液温度过高，但通常其他的故障现象已十分明显了，如自动变速器内的离合器打滑，它致使发动机经常工作于高转速大负荷及自动变速器油温度过高而间接导致冷却液温度过高，此时自动变速器的驱动无力故障现象应占主要地位。

13. 发动机过热故障诊断口诀

冷却液，不可少，加压力，把漏查。

风扇转，高低速，查电路，细分析。

上下管，温差大，节温器，开不大。

捏水管，猛加油，冲力小，水泵轴。

加速时，冒气泡，气缸垫，在漏气。

水箱脏，水垢多，清洗后，再加注，冷却液，排空气。

点火角，不准确，排气堵，温度高。

有些车，冷却系，是电控，节温器，双特性，主动控。怠速时，为省油，水温度，目标值，是较高，行驶时，则稍低，冷却液，不可错。

解释如下：

首先进行目视检查，冷却液液面高度应正常。如不正常，则应检查是否存在泄漏现象，可以采用专用工具进行加压测试，检查泄漏部位。

检查风扇是否正常转动。电动风扇的高低速控制是否正常，如不正常，则应按电动风扇电路查找原因。

检查散热器上、下水管的温差。用手触摸散热器上、下水管，感觉其温差，并用手指背触摸散热器和发动机，如发动机和上水管温度很高，而散热器、下水管温度较低，则可能是节温器没有开启，也可能是水泵轴与叶轮脱转。应先拆检节温器，再检查水泵。

在节温器全开的情况下，捏住上水管，然后猛地加速，应能感觉来自水泵泵水的冲力，如果冲力过小，则可能需要拆检水泵，检查水泵轴与塑料制的叶轮是否脱转。

如果发动机在冷态下加速时，散热器口处可以看到向外冒气泡，则说明气缸垫可能已泄漏。

如果散热器内部很脏，水垢较多，则应清洗。清洗后，再加注好冷却液，应注意排出冷却系统的空气。

发动机过热，除冷却系统故障外，点火过迟或过早、排气凸轮磨损致使排气门升程不足、排气系统堵塞也可能引起发动机过热，应分别进行检查。

对于有些车来说，冷却系采用电控节温器（如雪佛兰景程），一般是双特性节温器，能对大小循环的温度进行主动控制。怠速时，为了省油，设定的发动机冷却液温度目标值是较高的，而高速行驶时则稍低。这些发动机设计的正常工作温度较高（超过100℃），因此必须加注冷却液而不可错加普通水，否则正常工作时水已开锅而风扇可能仍未运转。

第十章

发动机异响故障的
诊断与排除

一、 发动机异响故障的诊断

当发动机出现故障时，其运转时的声音往往会随之产生变化，如出现间歇或连续的金属敲击声、无规律的金属碰撞声、气体冲击声等，通常把这些不正常的响声称为异响。

发动机常见异响部位分布如图 10-1 所示。

发动机异响多为机件耗损、安装或调整不当所致，其常见异响为曲柄连杆机构异响、配气机构异响、燃烧异响等。

1. 曲柄连杆机构异响

曲柄连杆机构异响包括活塞敲缸响、活塞销响、曲轴轴承响、连杆轴承响等。其中，活塞敲缸响指活塞在上下运动时在气缸内摆动或窜动，其头部或裙部与缸壁、缸盖相碰撞产生的异响，又可分为冷态敲缸、热态敲缸和冷热态均敲缸。

（1）冷态敲缸

1）故障现象：

①低温时有敲击声，发动机温度正常后响声减弱或消失。

②怠速或低速时，发出清晰、有节奏的"嗒嗒"敲击声，转速提高后响声减弱或消失。

③某缸断火后异响减弱或消失，且火花塞跳火 1 次，发响 2 次。

2）故障原因：

①活塞与缸壁的配合间隙过大。

②机油压力过低、缸壁润滑不良。

3）故障诊断：诊断活塞敲缸故障时，可在发动机缸体中上部辅助听诊。

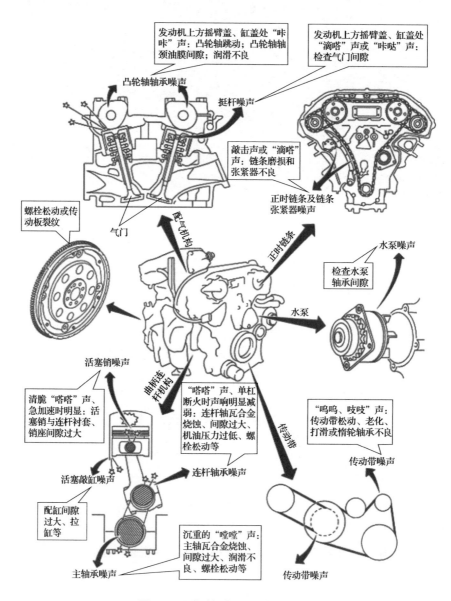

图 10-1　发动机常见异响部位分布

①将发动机转速控制在异响最明显的范围（通常在怠速工况），观察机油加注口是否冒烟，排气管是否冒蓝烟。用听诊器在机体上部两侧听诊，也可用螺钉旋具抵触在缸体一侧，将耳朵贴在螺钉旋具的木柄上，听是否有振动敲击声。如果出现上述症状，则可确诊为活塞敲缸。

②逐缸断火试验。若某缸断火后其声响减弱或消失，复火时其声响明显增大 1、2 声后，又恢复原来的声响，当发动机温度升高后声响减弱或消失，即可确诊为活塞敲缸。

③加机油试验法。将待查气缸的火花塞拆下，注入少量机油（20～30mL），再重新

开始试验。如声响消失或明显减弱，但不久又复出，则可确诊为该缸活塞敲缸。

若发动机仅冷车时敲缸，热车后响声消失，则该发动机尚可继续使用。

（2）热态敲缸

1）故障现象：

①怠速时发出有规律的"嗒嗒"声，高速时发出"嘎嘎"的连续金属敲击声，并伴有机体抖动现象，且温度升高，响声加大。

②火花塞跳火1次，发响2次；单缸断火，声响加大。

2）故障原因：

①活塞与缸壁配合间隙过小。

②活塞与活塞销装配过紧，使活塞变形或反椭圆形。

③连杆轴颈与曲轴轴颈不平行。

④连杆弯曲、扭曲或连杆衬套轴向偏斜。

⑤活塞环背隙、端隙过小导致活塞环卡滞。

3）故障诊断：

①若发动机低温时没有异响，而温度升高后在怠速时出现"嗒嗒"声，并有机体振动现象，且温度越高，响声越大，则为活塞变形或活塞环过紧造成的活塞敲缸。

②发动机低温时不响，而温度升高后在中、高速时发出急剧而有节奏的"嘎嘎"声，单缸断火时，其声响变化不大，则为连杆变形或连杆装配不当造成的活塞敲缸。

③发动机在热起动后即敲缸，且单缸断火声响加大，表明该缸敲缸现象严重，也可能已经产生了拉缸。此时应停机检修，以免造成更为严重的恶性故障。

（3）冷热态均敲缸

1）故障现象：

①发动机低速有"嗒嗒"的敲击声，转速提高后声响消失，或低速时发出有节奏且强弱分明的"杠杠"声响，有时会短暂消失，但很快又复出，转速提高后消失。

②火花塞跳火1次，发响2次；某缸断火后，声响或减弱或反而加大，并由节奏声响变为连续声响。

2）故障原因：发动机在冷、热态均敲缸，一般是活塞连杆组技术状况恶化所致。

①活塞销与连杆小头装配过紧。

②连杆轴承装配过紧。

③活塞裙部圆柱度误差过大。

3）故障诊断：

①逐缸做断火试验，若某缸断火后声响减小但不消失，则为该缸连杆与曲轴或活塞销装配过紧所致。

②断火试验时该缸声响加重，且由间断声响变为连续声响，则为活塞磨损变形

所致。

③低速时有"嗒嗒"敲击声，当转速提高后声响消失，则为活塞裙部圆柱度误差过大所致。

（4）活塞销响

1）故障现象：

①发动机怠速时发出有节奏而又清脆的声响或尖锐的金属敲击声；突然加大节气门时，响声也随之加大；高速时，响声混浊不清。

②火花塞跳火1次，发响2次；单缸断火时声响减弱或消失，严重时反上缸。

2）故障原因：

①活塞销与连杆衬套、活塞销座孔磨损过甚而松旷。

②润滑不良引起的活塞销严重烧蚀。

③活塞销锁环脱落导致活塞销窜动。

④活塞销折断。

3）故障诊断：

①发动机怠速运转，抖动节气门到中速位置，如声响能随转速的变化而变化，并且每抖动1次节气门，都能听到明显、清晰、尖脆而连贯的"嗒嗒"声响，即为活塞销响。

②在怠速或稍高于怠速时呈双"咔哒"声响特征。

③发动机升温后，响声通常会加重。有时冷车时响声小，热车时响声大。

④当响声不严重时，将发动机转速控制在声响最明显处（一般稍高于怠速），进行单缸断火试验。若断火后响声减轻或消失，复火瞬间又立即发出"嗒"的敲击声，且在气缸上、中部比在下部听到的响声大，则为活塞销轻微响。在安装了新活塞环后，活塞销响声常常变得更加明显。随着活塞环的磨损，这种响声会逐渐减小。

⑤当响声比较严重时，发动机转速越高，响声越大。单缸断火，若声响不仅不消失，反而由间歇异响变为连续异响，听起来更加杂乱，则为活塞销与衬套配合严重松旷。

⑥发动机怠速运转时出现有节奏而较沉重的"吭吭"碰击声，转速提高后，声响并不消失，同时伴随出现机体抖动现象，单缸断火声响反而加大，则为活塞销自由窜动造成异响。

⑦发动机急加速时声响剧烈而尖锐，单缸断火声响减轻但不消失，则为活塞销折断。

（5）曲轴主轴承响

1）故障现象：

①发动机稳定运转时并无声响，当转速突然变化时，发出沉闷连续的"噔噔"敲击

声，转速越高，声响越大，同时伴有机体振动现象。

②发动机负荷增大时，响声加剧。有时上坡加速时，在驾驶室内就可听到沉闷的"嘡嘡"敲击声。

③单缸断火时声响变化不大，而相邻两缸断火时，声响明显减弱。

2）故障原因：

①曲轴主轴颈与轴承配合间隙过大。

②曲轴轴向间隙过大。

③曲轴轴承盖螺栓松动。

④润滑不良导致轴承合金烧损（见图10-2）、脱落。

⑤曲轴弯曲。

图 10-2　曲轴主轴承烧蚀

3）故障诊断：诊断曲轴轴承响，可在发动机缸体下部及油底壳部位辅助听诊。

①在发动机低、中速状态下抖动节气门，一般由 2000r/min 急加速至 3000r/min 时，发出明显而沉闷的连续敲击声，同时伴随有机体振抖现象，则可确诊为曲轴主轴承响。

②进行单缸断火试验，声响变化不大，而相邻两缸断火时，声响明显减弱或消失，则为两缸之间的曲轴主轴承发响。

③高速运转发动机，机体振动较大，同时伴有机油压力显著下降，则为曲轴主轴承与轴颈配合间隙过大或轴承合金脱落。

④异响随温度升高而增大，高速时声响变得杂乱，则可能是曲轴弯曲。

（6）连杆轴承响

1）故障现象：

①发动机怠速运转时无明显声响，稍高于怠速时有清晰的"嗒嗒"敲击声，有点类似钢球落在钢板上所发出的声音，而高速时有"咯咯"敲击声，急加速时声响尤为明显。连杆轴承声响较曲轴主轴承声响轻缓而短促。

②当发动机负荷增加时，声响也随之增大；单缸断火，声响明显减弱或消失。

2）故障原因：

①连杆轴承与轴颈磨损过量导致失圆、配合间隙过大。

②连杆轴承盖紧固螺栓松动。

③连杆轴承润滑不良，合金烧蚀、脱落。

3）故障诊断：

①加大节气门，发动机转速由怠速向中速过渡时声响变得清晰。一般由 1000~2000r/min 反复急加速抖动节气门时，声响特别清脆。随着转速的增高，敲击声更为明显。

②对某缸进行断火试验，若声响明显减弱或消失，则说明该缸连杆轴承响。

③不论发动机转速和温度的高低，都发出严重而无节奏的"当当"声响，且伴随有机体振动，单缸断火声响不变甚至更加明显（反上缸），说明连杆轴颈失圆、轴承合金烧蚀或连杆螺栓严重松动，应立即停机进行拆检，找出连杆轴承烧蚀的故障原因（如润滑油道堵塞、机油压力低等），视情更换连杆与曲轴。

（7）曲轴断裂响

发动机低速运转时机体的振动就较大，甚至有摆动摇晃现象，同时发出沉重、粗闷而较大的"嘣嘣"敲击声；转速稍有提高就出现巨大的响声，类似采石场里的碎石机所发出的"咔嘎"的破碎声。

曲轴断裂的概率极低，诊断时，一人在发动机下方扶住飞轮齿圈，另一人在曲轴前方用扳手转动曲轴带轮，观察曲轴前端与飞轮端的转动是否同步，如有角度差，即为曲轴断裂。

（8）活塞环响

活塞环响在气缸上部听诊异响比较明显。

1）如果活塞环侧隙过大，其在环槽内过于松动，则加速时会产生高节奏的"咔嗒"声。要排除这种故障，应更换活塞环，必要时应更换活塞。

2）当气缸磨损严重，缸壁出现台肩（缸肩）时，第一道活塞环敲击台肩，发出高节奏的"咔嗒"声，发动机加速时异响更为明显。此时应镗磨气缸，更换活塞连杆组。

3）如果活塞环折断，则加速时通常会发出高节奏的"啪啪"声，同时在加机油口有脉动冒烟现象，单缸断火后冒烟现象消失。

2. 配气机构异响

配气机构异响包括气门响、液压挺杆响、气门座圈响、凸轮轴响、正时齿轮响等。

（1）气门响

1）故障现象：

①发动机怠速时，在气门室处发出有节奏的"嗒嗒"声；转速升高，节奏加快，声响也随之增大，中速以上时，声响变得混杂。

②发动机温度变化或单缸断火时，声响不变。

2）故障原因：

①因磨损或调整不当导致气门间隙过大而产生撞击声。

②气门杆端或气门间隙调整螺钉磨损偏斜。

③气门杆与气门导管配合间隙过大。

3）故障诊断：

①在气门室罩处听察，异响节奏随发动机转速的变化而变化。发动机温度变化或单缸断火时，声响不变；且点火1次，发响1次。

②拆下气门室罩，选择适当厚度的塞尺（或硬纸片），逐个插入各气门间隙处，听察异响有无变化。如果插入某气门间隙后，异响明显减弱或消失，则可确诊此气门间隙过大，可通过调整气门间隙排除异响。

③若气门间隙正常气门仍发响，则为气门杆与气门导管磨损严重，间隙过大。将机油喷注到可能发出异响的气门导管上，如果响声减小或消失，则表明此气门杆与导管有碰撞异响。

（2）液压挺杆响

液压挺杆与导孔配合面磨损严重、油缸与柱塞偶件磨损、机油压力不足等将导致液压挺杆异响。通常，液压挺杆响在怠速时比较清晰，中速以上响声减弱或消失；察听时，在凸轮轴附近最为明显，且单缸断火响声无变化。具体症状及原因如下：

1）怠速或低速时出现断续的响声，一般由挺杆单向阀磨损或脏污所致。

2）怠速时有异响，转速提高后异响消失，一般是挺杆体和柱塞之间磨损过度所致。油压过低或机油黏度过小也会出现这种响声。

3）怠速时不响，高速时发响，表明挺柱体液压油中有空气，可能是机油液面过高，曲轴搅动机油使空气进入机油中；也可能是油路渗漏，机油泵吸入空气。

4）液压挺杆始终发响。在任何转速下液压挺杆都发响，其主要原因为液压挺杆脏污或被沉积物卡住、机件严重磨损、机油压力过低等。

5）在起动发动机时，液压挺柱往往会产生不大的响声（机油未充分进入液压挺杆）。如果在很短的时间（15s）内异响消失，则液压挺柱正常。若转速达2500r/min以上液压挺柱仍有异响，则应首先检查和调整机油压力；若压力正常则更换液压挺柱。

（3）气门座圈响

1）故障现象：

①在冷车初起动时易出现气门座圈响，运转时发出清脆的"碰气门"声响，但很快即会消失；严重时，此声响将频繁出现。

②火花塞跳火1次，发响1次，中速响声清晰，单缸断火响声不变。

③异响出现时常伴随有个别缸不工作现象，声响消失后气缸工作恢复正常。

2）故障原因：气门座圈响的主要原因是气门座圈与承孔配合松旷。

①气门座圈材料的热膨胀系数过小。

②气门座圈与缸体镶配过盈量过小。

3）故障诊断：

①拆下气门室盖，在气门处听诊；当声响出现时，如果伴有个别缸不工作现象，且声响消失后气缸又恢复正常，则可确诊为此缸的气门座圈松脱，与承孔碰撞产生异响。

②利用气缸压力表逐缸测量气缸压力，压力过低的缸即为异响缸。

（4）凸轮轴响

1）故障现象：

①发动机中速时从缸体凸轮轴一侧或缸盖处发出钝重的声响，高速时声响混沌不清。

②异响出现时凸轮轴轴承附近有振动，单缸断火声响不变。

2）故障原因：

①凸轮轴轴承松旷或与轴颈配合间隙过大。

②凸轮轴轴承合金烧蚀、剥落或过度磨损。

③凸轮轴轴向间隙过大。

④凸轮轴弯曲。

⑤凸轮磨损。凸轮一旦出现磨损，其磨损速度会很快。

3）故障诊断：

①异响出现时，常伴有机油压力明显降低现象，进行单缸断火试验，声响无变化。

②缓慢变换节气门，若怠速和中速时声响清晰、明显，高速时声响由杂乱逐渐减弱，则为凸轮轴轴向间隙过大或轴承滑转。

③使发动机在声响最强的转速下运转，对下置或中置式凸轮轴，在缸体凸轮轴一侧用听诊器或螺钉旋具抵触在各凸轮轴轴承部位听诊；对上置式凸轮轴，可拆下气门室盖，直接在各凸轮轴轴承部位听诊。若某轴承处声响较强并伴有振动，则可确诊为该轴承发响。

④如果凸轮轴的 1 个凸轮磨损，当发动机在 2000～3000r/min 工作时可以听到较重的"咔嗒"声；当有几个凸轮及挺柱刮伤时，在怠速时会有连续沉闷的"咔嗒"声；在怠速平稳、加速却不良的情况下，排气凸轮磨损有时会导致发动机"回火"。

（5）正时齿轮响

1）故障现象：

①当发动机怠速运转或转速变化时，在正时齿轮室盖处发出杂乱而轻微的"嘎啦"声，转速提高后声响可能消失，急减速时声响尾随出现，有时在正时齿轮室盖处有振动现象。

②声响有时会受到温度影响，高温时声响明显；单缸断火声响无变化。

2）故障原因：

①正时齿轮磨损或装配不当导致啮合间隙过大或过小。

②曲轴和凸轮轴中心线不平行导致啮合不良。

③正时齿轮润滑不良。

④正时齿轮松动、破裂或折断。

3）故障诊断：

①发动机怠速运转时发出有节奏的"嘎啦、嘎啦"声，中速时明显，高速时杂乱。用听诊器或螺钉旋具触及正时齿轮盖部位听诊，若声响更明显，则可确诊为正时齿轮啮合间隙过大。

②改变发动机转速，声响随之变化，且声响类似于"呼啸"声；或在怠速运转时发出有节奏的"哽哽"声响，转速提高声响加大，多为正时齿轮啮合不良。

③将发动机转速逐渐提高到某一较高转速，突然发出强烈而杂乱的声响；急减速时同样会发出一声"嘎"的声响（正时齿轮盖有振动感），然后消失，多为凸轮轴正时齿轮松动。

④若新车或更换正时齿轮后出现连续不断的"呜呜"声，转速越高响声越明显，则为正时齿轮啮合间隙过小。

（6）正时链条、链轮响

如果正时链条损坏，正时链、链轮及张紧轮磨损严重或正时链轮（或正时齿轮）松动，则在发动机前端正时齿轮室盖处会发出"喀啦、喀啦"的敲击声，减速运转时异响更加明显。通常，磨损变松的链条都会产生"喀啦、喀啦"的响声，情况严重时，链条还会将正时齿轮室盖磨破，并产生漏油现象。凸轮轴轴承严重磨损也会造成正时链条间隙过大。

3. 燃烧异响

爆燃响是汽油发动机最典型的燃烧异响。发动机产生爆燃不正常燃烧时，会出现金属敲击（点火敲击）声，严重时响声较大，并引起发动机的强烈振动——即爆燃。出现爆燃时，气缸内气体燃烧时的压力升高率很大，发出尖锐的冲击声，并造成活塞与气缸壁、连杆与曲轴轴承等部位的强烈冲击，产生异响。点火敲击声与金属敲击声类似，如同弹子在金属罐里产生的尖锐、清脆的拍击声。

爆燃是指在火花塞点火后，终燃混合气（未燃烧的混合气）在火焰前锋到达之前，由于受到强烈的压缩和热辐射产生自燃而导致爆炸性燃烧，形成爆炸冲击波，猛烈冲击气缸壁、活塞顶部、燃烧室等部位，并发出尖脆的敲击声。早燃是在火花塞正常点火之前，由燃烧室内炽热沉积物（炽热点）引起的表面点火现象（早火）。早燃使气缸内的压力升高率和最高燃烧压力急剧增大，触发爆燃，而爆燃又助长表面点火，二者互相促进，形成激爆，并发出尖锐的高频振音。

爆燃产生的主要原因是点火提前角过大、压缩比过高、汽油辛烷值过低、发动机温度过高、燃烧室积炭过多或有炽热点、混合气过稀、排气再循环（EGR）装置失效等。

发动机加速时，点火提前角过大往往产生爆燃，且点火过早还可能引起活塞烧顶。现代发动机上均装有爆燃传感器，以便将点火正时控制在最佳范围内。

低、中速爆燃的常见故障原因是在高压缩比发动机上使用了辛烷值过低的燃料。气缸内温度过高、混合气过稀、加载减速、发动机过热等也会引起爆燃。

EGR 装置失效也是爆燃的一个主要原因。在发动机高速空转（1800~2000r/min）时仍出现爆燃，可能就是 EGR 阀故障引起的。对于增压发动机，增压压力过高也会引发爆燃（如废气涡轮增压器的废气旁通阀总处于关闭状态，将使增压压力过高）。

燃烧室积炭易形成炽热点产生早燃，并使压缩比提高引起爆燃。"积炭爆燃"在发动机冷态时非常明显。发动机爆燃一般在有负荷时出现，而"积炭爆燃"甚至在无负荷时也会出现。

温度控制式空气滤清器的进气阀门卡在加热位置或燃料蒸发控制系统故障有时也会引起爆燃。

发动机异响故障诊断、排除的相关要点

1. 异响的影响因素

异响与发动机的转速、温度、负荷、润滑条件、缸位和工作循环等因素有关，可充分利用异响与这些因素的关系进行异响诊断。

1）转速。一般情况下，转速越高机械异响越强烈。但高转速时各种响声混杂在一起，某些异响反而不易辨清，因此，诊断转速要视异响情况而定。如听诊气门响和活塞敲缸时，在怠速或低速时异响非常明显；当主轴承响、连杆轴承响和活塞销响较为严重时，在怠速和低速下也能听到。总之，诊断异响应在响声最明显的转速下进行，并尽量在低转速下进行，以减少不必要的噪声和损耗。

2）温度。有些异响与发动机温度有关，而有些异响与发动机温度无关或关系不大。在机械异响诊断中，对于热膨胀系数大的配合副要特别注意其在发动机热态时的工作状况。如活塞敲缸响，在发动机冷起动时，异响非常明显（冷敲缸），一旦温度升高，响声即减弱或消失。因此，诊断冷敲缸异响应在发动机低温下进行。温度对热膨胀系数小的配合副间产生的异响影响不大，如曲轴主轴承响、连杆轴承响、气门响等，这类异响对诊断温度无特别要求。

温度也是影响燃烧异响的主要因素之一。汽油发动机过热时，往往会产生点火敲击声（突爆或表面点火）；柴油发动机过冷或过热时，往往会产生着火敲击声（工作粗暴）。

3）负荷。许多异响与发动机的负荷有关，如曲轴主轴承响、连杆轴承响、活塞敲缸响、气缸漏气响、汽油机点火敲击响等，均随负荷增大而增强，随负荷减小而减弱；而柴油机着火敲击声随负荷增大而减小。但也有个别异响与负荷无关，如气门响，负荷变化时异响基本不变。

4）润滑条件。不论哪个部位的机械异响，润滑不良时，异响一般都会越来越严重。

5）缸位。某些异响与发动机的缸位有关，如活塞敲缸响、连杆轴承响，单缸断火时异响消失或减弱；而曲轴轴承响，则在相邻两缸断火时，异响消失或减弱。

6）工作循环。有些异响与发动机工作循环有明显的关联，一般情况下，曲柄连杆机构异响一个工作循环响 2 次，配气机构异响一个工作循环响 1 次。如活塞销响、连杆轴承响等曲轴转 1 圈发响 1 次，而气门响、气门座圈响等则曲轴转 2 圈响 1 次。

2. 异响诊断

（1）异响诊断方法

发动机异响的诊断方法有两种，即人工经验听诊法和仪器辅助诊断法。

1）人工经验听诊法：技术人员通过改变发动机工况等措施使异响再现，找出异响特征和规律，并了解异响出现时发动机的运行状况及故障征兆，进而判断出异响部位。这是目前使用最普遍也是最主要的方法。

2）仪器辅助诊断法：由于人工经验听诊法的准确率较低，因此常用一些仪器设备来辅助听诊与分析。常用的仪器主要有听诊器、噪声计、振动分析仪等。

在发动机异响的诊断过程中，常常借助于螺钉旋具来察听异响。这一传统的方法虽然简便有效，但也存在明显不足。这主要表现在三方面：一是螺钉旋具的长度有限，并且不能弯曲，由于受车上空间的限制，许多部位无法触及，也就无法察听；二是必须侧耳对着异响部位，眼睛无法看着螺钉旋具，为保证安全，不能接触各种转动零部件；三是用螺钉旋具察听时，一只耳朵能听到螺钉旋具传来的声音，而另一只耳朵会听到很强的背景噪声，降低了判断的准确性。

为了方便准确地查明故障部位和异响特征，在维修时可借助各种听诊器进行听诊。

（2）听诊器的类型和使用方法

维修时使用的异响听诊器与医用听诊器的工作原理相同，常用的有普通听诊器与电子听诊器两种。此外，还有一种改制的听诊器。

1）电子听诊器：图 10-3 所示为电子听诊器，它不仅克服了使用螺钉旋具听诊的缺点，而且还可以对异响进行选频，使异响听起来更清晰。由于电子听诊器将两只耳朵都捂了起来，几乎听不到背景噪声，提高了异响分辨能力。

2）普通听诊器：如图 10-4 所示，普通听诊器很像医生诊断用的听诊器。

在使用上述两种听诊器时，将探头放在或靠近可疑的零件，听诊器便会将异响声音放大，探头越靠近声源，耳朵听到的声音就越大。

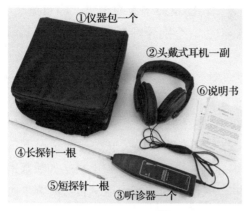

①仪器包一个
②头戴式耳机一副
⑥说明书
④长探针一根
⑤短探针一根
③听诊器一个

图 10-3　电子听诊器

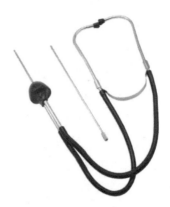

图 10-4　普通听诊器

3）改制的听诊器。异响听诊器也可以用医用听诊器改制而成，改制的方法是：把听诊器的探音头拆掉不用，找一根直径为 6mm、长约 400mm 的铜管，将铜管一端插入胶管内作为传音杆，这样就做成了一个异响听诊器。虽然铜管无共鸣助音放大作用，但是经它传递的声音已有足够的强度，清晰可辨。例如，在察听发动机喷油器工作的声音时，能够很容易分辨出喷油器工作声音是否正常；也可利用它察听并区分各部位的轴承异响。

使用时，用手将铜管触及所要察听的部位即可，发动机经常发生异响的部位都能进行察听，使用灵活方便。这种听诊器和电子听诊器相比，既能查找漏气的部位，尤其是不易发现的真空泄漏；又能伸进油底壳内或气门室罩盖内察听异响。具体应用如下：

①查找漏气部位。使铜管口接近可能漏气的部位，即使是很轻微的漏气也能听到很清晰的声音。根据发声气流的方向、节奏和强度不同，听到的声音可能是"嘶嘶"声或"扑扑"声。用这种方法查找漏气部位，效果非常好。

②察听曲轴箱内的异响。把铜管插入机油尺孔内，可以听到曲柄连杆机构的异响。但此处的响声比较复杂，要想判断异响原因和部位，需要一定的实践经验。

③察听气门室内的异响。拔掉铜管，将胶管从加机油口伸进气门室内，就可以确定是不是气门脚发响。但要确定是哪一个气门脚响，仍需将气门室罩盖打开。

在把听诊器放到发动机的各种位置时，不要让探头或手等被转动的零件（如冷却风扇叶片或传动带）伤害。由于听诊器的探头是导电体，因此在导线插接器的周围使用时应注意不要造成短路。

3. 异响的区分

（1）发动机与变速器异响的区分

在诊断时应特别注意区分异响是来自发动机还是离合器或变速器，否则会降低诊断效率。在无显著特征表明为变速器故障时，断开试车法是区分发动机异响和变速器异响的最好方法。

对于手动变速器，踏下离合器踏板，若异响消失，则为手动变速器空档转动部分元件的异响。对于自动变速器，拆下变速器总成，短接 P、N 位开关，起动发动机，如果异响仍然存在，则可确诊为发动机异响。

当自动变速器油面过低或滤网脏污堵塞时，在变速器前端或底部可能会发出低沉的噪声；有时发动机起动后，变速器即发出"吱、吱、吱"或"呵、呵、呵"等连续的、音调较低的杂乱噪声。这类声音一般是油液在高速流动时由于振动而产生的异响，不要误判为发动机异响。

（2）发动机自身异响与附件异响的区分

在诊断时还应注意区分是发动机自身异响还是附件异响。附件产生的响声经常被误认为是发动机其他部分的故障，因此，发动机有异响时，应对发电机、转向助力泵、二次空气喷射泵、空调压缩机和冷却水泵等附件进行仔细检查和察听。

1）传动带异响。这是极普通而又经常出现的异响，如果怀疑是传动带发响，则应拆下传动带并使发动机运转一会，或在发动机运转时将肥皂水喷在传动带上。如果噪声消失，则可断定为传动带发响。

2）风扇离合器异响。风扇离合器也会产生一种让人难以判断的严重响声，由于风扇在转动，无法使用听诊器来听诊。在发动机熄火后检查时，会感到风扇离合器松动。可拆下风扇传动带，然后再使发动机运转，察听是否仍有异响。

3）转向助力泵异响。转向助力系统缺油或有空气、油罐内过脏等也会造成异响，通常较易诊断。

（3）根据异响特征区分异响

诊断发动机异响时，必须了解各种异响与发动机转速、温度、负荷、缸位、工作循环、润滑条件等因素的关系，充分利用异响特征来区分发动机不同部位的异响。

如前所述，可根据转速、负荷、温度等条件的变化来区分发动机异响，除此之外，还应注意异响的下列特征：

1）声调。人们常把声响用一些象声词来描述，如"嗒嗒""吱吱"声等，但同一个声音，不同的人听后的感觉不一样，象声描述也不相同，有人认为是"嗒嗒"声，也有人认为是"咚咚"声，还有人说是"哒哒"响，最好能用生活中常听到的响声来类比。例如，连杆轴承响如同钢球落在钢板上所发出的声音；曲轴断裂后发出的响声就像碎石机所发出的声音。

2）缸位。异响与缸位的关系，通常用上缸、不上缸及反上缸来描述。所谓上缸，是指异响在单缸断火（或断油）后声响减弱或消失；而不上缸则指异响在单缸断火（或断油）后，响声既不减弱也不增大，单缸是否工作对异响没有影响；所谓反上缸，则是指单缸断火（或断油）后，声响不但不减弱，反而明显增强。反上缸的异响通常都是恶性异响，应立即排除。

3）听诊的部位。发动机常见异响所引起的振动，可分别在缸盖、缸体中上部、缸体下部及油底壳部位察听。在缸盖部位用螺钉旋具或听诊器触听气缸盖各燃烧室部位，能辅助诊断活塞顶碰缸盖、气缸上部凸肩、气门座圈脱出、上置凸轮轴轴承响等故障。在缸体中上部，可辅助诊断活塞敲缸、活塞销响等故障。在气缸体与油底壳结合面的附近，可辅助诊断曲轴轴承异响或曲轴断裂等故障。

4）声源与传播途径。由于响声常常会从声源传到其他的部位，因此必须考虑声音的传播途径，结合虚听（不借助听诊工具，直接听诊）与听诊器实听，反复比较声响大小，找出声源部位。如有一辆轿车，发动机在冷车起动后，转速为 1800～2200r/min 时，发出一种"咕噜、咕噜"的响声，有点类似水在沸腾前翻滚冒泡的声音，热车后消失。经变换不同位置听诊，发现在驾驶室内仪表盘处察听声响最明显，而在发动机舱察听反而不十分明显。由于该车无暖风水阀，怀疑是暖风散热器堵塞且固定不良，暂时把到暖风散热器的两端软管对接起来，不让冷却液流经暖风散热器，异响消失，说明暖风散热器堵塞。

参考文献

［1］施纳贝尔.汽车发动机计算机控制系统原理与诊断维修［M］.宋进桂，等译.北京：机械工业出版社，2007.

［2］李清明.汽车发动机故障分析详解［M］.2版.北京：机械工业出版社，2015.